과학사 밖으로 뛰쳐나온 **STS**(과학·기술·사회)

천재들의 과학노트

캐서린 쿨렌 지음

박진주(이화여자대학교 과학교육과 박사과정) 옮김

STS
(과학·기술·사회)

8

Gbrain
지브레인

천재들의 과학노트 **8**

STS 과학·기술·사회

ⓒ 캐서린 쿨렌, 2007

초 판 1쇄 발행일 2007년 3월 31일
개정판 1쇄 발행일 2017년 6월 7일

지은이 캐서린 쿨렌   옮긴이 박진주
펴낸이 김지영   펴낸곳 지브레인^{Gbrain}
편집 김현주   삽화 박기종
마케팅 조명구   제작 · 관리 김동영

출판등록 2001년 7월 3일 제2005-000022호
주소 04047 서울시 마포구 어울마당로 5길 25 -10 유카리스티아빌딩 3층
전화 (02)2648-7224   팩스 (02)2654-7696

ISBN 978-89-5979-356-3 (04040)
      978-89-5979-357-0 (04080) SET

• 책값은 뒷표지에 있습니다.
• 잘못된 책은 교환해 드립니다.

이 책을 먼 훗날 과학의 개척자들에게 바친다.

우리나라 대학 입시에 수학능력평가제도가 도입된 지도 벌써 10년이 넘었습니다. 그런데 우리나라의 수학능력평가는 제대로 된 방향으로 가고 있을까요?

제가 미국에서 교편을 잡고 있던 시절, 제 수업에는 수학이나 과학과 관련이 없는 전공과목을 공부하는 학생들이 많이 참가했습니다. 학기 첫 주부터 칠판에 수학 공식을 휘갈기면 여기저기에서 한숨 소리가 터져 나왔습니다. 하지만 학기 중반에 이르면 대부분의 학생들이 큰 어려움 없이 미분 방정식까지 풀어 가며 강의를 잘 따라왔습니다. 나중에, 어떻게 그 짧은 시간에 수학 공부를 따라올 수 있었느냐고 물으면, 학생들의 대답은 한결같았습니다. 도서관에서 책을 빌려다가 독학을 했다는 것입니다. 이게 바로 수학능력입니다. 미국의 고등학생들은 대학에 진학해서 어떤 학문을 접하더라도 제대로 공부할 수 있는 능력만큼은 갖추고 대학에 진학합니다.

최근에 세상을 떠난 경영학의 세계적인 대가 피터 드러커 박사는 "21세기는 지식의 시대가 될 것이며, 지식의 시대에서는 배움의 끝이 없다"고 말했습니다. 21세기에서 가장 훌륭하게 적응할 수 있는 사람은 어떤 새로운 지식이라도 손쉽게 자기 것으로 만들 수 있고, 어떤 분야의 지식이든 소화할 수 있는 능력을 가진 사람일 것입니다.

이런 점에서 저는 최근 우리나라 대학들이 통합형 논술을 추진하고 있는 것이 매우 바람직한 일이라고 생각합니다. 학생들이 암기해 놓은 지식을 토해 놓는 기술만 습득하도록 하는 것이 아니라 여러 분야의 지식과 사고 체계를 두루 갖춰 어떤 문제든 통합적으로 사고할 수 있도록 하자는 것이 통합형 논술입니다.

앞으로의 학생들이 과학 시대를 살아 갈 것인 만큼 통합형 논술에서 자연과학이 빠질 리 없다는 사실쯤은 쉽게 짐작할 수 있을 것입니다. 그런데 자연과학은 인문학 분야에 비해 준비된 학생과 그렇지 않은 학생의 차이가 확연하게 드러납니다. 입시에서 차이란 결국 이런 부분에서 나는 법입니다. 문과, 이과의 구분에 상관없이 이미 자연과학은 우리 학생들에게 필수적인 과정이 되어 가고 있습니다.

자연과학적 글쓰기가 다른 분야의 글쓰기와 분명하게 다른 또 하나의 차이점은 아마도 내용의 구체성일 것입니다. 구체적인 사례와 구체적인 내용이 결여된 과학적 글쓰기란 상상하기 어렵습니다. 이런 점에서 〈천재들의 과학노트〉 시리즈는 짜임새 있는 기획이 돋보이는 책입니다. 물리학, 화학, 생물학, 지구과학 등 우리에게 익숙한 자연과학 분야는 물론이고 천문 우주학, 대기과학, 해양학과 최근 중요한 분야로 떠오른 '과학, 기술, 사회' 분야까지 다양한 내용이 담겨 있습니다. 각 분야마다 10명의 과학자와 과학 이론에 대해 기술해 놓았으니 시리즈를 모두 읽고 나면 적어도 80여 가지의 과학 분야에 대한 풍부한 지식을 얻을 수 있는 것입니다.

기본적인 자연과학의 소양을 갖춘 사람이 진정한 교양인으로서 인정받는 시대가 오고 있습니다. 〈천재들의 과학노트〉 시리즈가 새로운 문화시대를 여는 길잡이가 되리라고 확신합니다.

최재천
(이화여대 에코과학부 교수)

과학의 개척자들은 남들이 생각지 못한 아이디어로 새로운 연구를 시작한 사람들이다. 그들은 실패의 위험과 학계의 비난을 무릅쓰고 과학 탐구를 위한 새로운 길을 열었다. 그들의 성장 배경은 다양하다. 어떤 사람은 중학교 이상의 교육을 받은 적이 없었으며, 어떤 사람은 여러 개의 박사 학위를 받기도 했다. 집안이 부유하여 아무런 걱정 없이 연구에 전념할 수 있었던 사람이 있는가 하면, 어떤 이는 너무나 가난해서 영양실조를 앓기도 하고 연구실은커녕 편히 쉴 집조차 없는 어려움을 겪기도 했다. 성격 또한 다양해서, 어떤 사람은 명랑했고, 어떤 사람은 점잖았으며, 어떤 사람은 고집스러웠다. 그러나 그들은 하나같이 지식과 학문을 추구하기 위한 희생을 아끼지 않았고, 과학 연구를 위해 많은 시간을 투자했으며, 자신의 능력을 모두 쏟아 부었다. 자연을 이해하고 싶다는 욕망은 그들이 어려움을 겪을 때 앞으로 나아갈 수 있는 원동력이 되었으며, 그들의 헌신적인 노력으로 인해 과학은 발전할 수 있었다.

　이 시리즈는 생물학, 화학, 지구과학, 해양과학, 물리학, STS(Science, Technology & Society), 우주와 천문학, 기상과 기후 등 여덟 권으로 구성되었다. 각 권에는 그 분야에서 선구적인 업적을 이룬 과학자 열 명의 과학 이론과 삶에 대한 이야기가 담겨 있다. 여기에는 그들의 어린 시절, 어떻게 과학에 뛰어들게 되었는지에 대한 설명, 그리고 그들의 연구와 과학적 발견, 업적을 충분히 이해할 수 있도록 하는 과학에 대한 배경지식 등이 포함되어 있다.

　이 시리즈는 적절한 수준에서 선구적인 과학자들에 대한 사실적인 정보를 제공하기 위해 기획되었다. 이 시리즈를 통해 독자들이 위대한 성취를 이루고자 하는 동기를 얻고, 과학 발전을 이룬 사람들과 연결되어 있다는 유대감을 가지며, 스스로 사회에 긍정적인 영향을 미칠 수 있는 사람이라는 사실을 깨닫게 되기를 바란다.

머리말

과학, 기술, 그리고 사회 STS, Science, Technology & Society 는 요즘 대학에서 급속도로 성장하고 있는 학제적 interdisciplinary 인 주제 중의 한 분야이다. STS는 과학과 기술을 개인적 수준에서 전 지구적인 수준까지, 사회의 모든 부분에 변화를 가져오는 주요한 원인으로 강조하며, 특히 과학과 기술, 사회 간의 상호작용에 관심을 두고 있다. 과학과 기술의 관계는 상호의존적이어서 서로가 서로의 성장과 확장을 지속할 수 있도록 서로 돕는 역할을 한다. 과학은 세계가 어떻게 기능하는지를 탐구하고, 기술은 새로 발견된 과학적 지식을 활용하여 너 매력적인 영역으로 나아가게 만든다. 예를 들어, 과학은 DNA 복제과정을 밝혀내고, 기술은 재조합 DNA를 사용하여 클론을 만들어낸다. 분자 생물학자들은 새로운 기술을 사용해 유전적인 돌연변이를 회복하는 효소처럼 특정한 단백질의 기능을 알아낼 수 있다. 새 단백질이 어떻게 작용하는지를 이해하는 것은 유전적으로 조작된 박테리아 균주를 길러내는 기술을 발달시키고, 그렇게 길러진 박테리아들은 발암물질의 효과를 연구하는 데 유용하게 사용된다. 과학자들은 새로운 정보를 얻기 위해 기본적인 연구를 수행하고,

학제적   여러 분야의 지식을 모아 제휴한 것. 개별적이고 전문화된 학문 분야에서 두 분야 이상에 걸치는 영역

기술을 향상시켜 새로운 연구방법이나 새로운 기계를 개발하게 한다. 혁신적인 기술은 또한 새로운 관점의 심도 있는 연구를 가능하게 하여 기술과 과학 사이에 상호보완적인 과정이 오가게 된다. 새로운 기술이 발달하도록 하는 가장 큰 원동력은 주로 상업적인 이윤을 남기는 것이라 할 수 있지만, 진정한 과학자들은 최초로 무언가를 한다거나, 발견한다거나, 배운다거나, 만들어낸다는 사실 그 자체에 마음속 깊은 희열을 느낀다. 사회는 현대 기술이 어떠한 발전을 필요로 하는지, 답을 요구하는 중요한 문제들이 무엇인지, 어떤 프로젝트가 정부의 재정 지원을 받을 가치가 있는지를 결정한다. 사회 구성원들의 견해와 감정은 핵무기 제조에서부터 유전공학, 고성능 위성 감시기술, 생물학적 성전환 조작에 이르기까지 새로운 기술이 사용될 수 있는 허용 범위를 결정하는 법적, 도덕적, 윤리적 규준을 정하는 데 영향을 미친다.

　STS라는 분야를 설명하기 위해, '건강'이라는 한 가지 주제에 대해 과학과 기술이 영향을 줄 수 있는 사회의 다양한 경로를 생각해 보자. 산모와 태아가 임신 중 검사를 받을 때 겪을 수 있는 위험의 정도가, 검사 결과를 알아서 갖게 되는 이득보다 크다는 사실을 인식하기 시작하면서 요사이 임신 중 검사를 받는 여성이 줄어들고 있다고 한다. 지역사회 수준에서, 어떤 지역은 생물학적으로 유해한 폐기물 처리시설 근처에 살게 되어 위험에 처하기도 한다. 국가적인 수준에서, 의사들은 어린이들이 비디오 게임에 열중하면서 육체적 활동을 하지 않아 건강을 해치게 될까 봐 걱정을 한다. 전 지구적 수준에서는, 지구 대기권에 들어온 자외선을 걸러 주는 오존층에 구멍이 생겨 인류가 볕에 타거나 피부암의 위험에 노출되게 되었다.

  STS와 관련된 지식은 모두에게 이롭게 작용하며, 사람들이 대중매체를 이롭다고 느끼는 것도 그것이 새로운 과학적 발견이나 기술의 혁신적 발달에 관한 사실을 대중들에게 전파하는 기능을 하기 때문이다. STS 전문가들은 생명공학 회사에서 새로운 유전자 검사기술을 상업적으로 활용하는 방법에 대해 조언하는 컨설턴트로 일할 수도 있고, 의료계 사람들에게 검사의 원리를 설명하는 판매자가 될 수도 있다. 군대에서는 새로운 무기의 위험성을 평가하고, 가능한 이익과 위험성을 비교하여 어떤 것을 선택해야 할지에 대해 조언을 얻을 수 있도록 STS 전문가를 무기 개발 프로젝트에 채용할 수도 있을 것이다. 사회학자는 지역사회의 운영이나 개인 간의 사회적 상호작용에 있어 전자메일이 가지는 효과를 연구할 수도 있다. STS 전문가는, 경제학자가 정보기술의 발전이 국가 안보 비용에 미치는 효과를 예측하는 데에도 도움을 줄 수 있다.

　기술이 독이 되건 축복이 되건, 기술적인 발전은 우리 삶을 끊임없이 변화시킨다. 새로운 발견들은 지속적으로 사람들의 생활양식을 변하게 히며, 이제까지 없었던 새로운 산업들이 발달하도록 이끈다. 우리 사회에 엄청난 영향을 미친 과학자들을 고려해 볼 때, 지금부터 언급할 10명의 과학자들은 우리가 생각하고 일하고 놀고 살아가는 방법을 변화시켜 왔다고 말할 수 있다.

　루이 파스퇴르는 미생물이 병을 유발한다는 사실을 알아낸 프랑스의 화학자였다. 그는 최초의 백신을 개발하고 사용하여 수없이 많은 생명을 구했다. 폴란드 출신의 프랑스 물리학자 마리 퀴리는 불안정한 원소인 라듐과 폴로늄을 발견하고 방사능의 방출이 다른 원자와의 화학적 상호작용 때문이 아니라 원자 내부에서 일어나는 일과 관련이 있음을 밝혔다. 그녀의 연구는 새로운 암의 치료법과 핵무기 개발에 이른 새로운 에너지원으로 발전되었다. 이탈리아의 발명가 굴리엘모 마르코니는 라디오파를 이용하여 무선으로 신호를 전파시킴으로써 통신 분야에 일대 혁명을 가져왔다. 그는 대서양을 건너 무선 전신을 보낸 최초의 인간이었다. 프레드릭 밴팅은 20세기의 가장 중요한 의학적 발전으로 꼽히는 인슐린을 발견하여 당뇨병 치료에 새로운 전기를 마련했다. 당뇨병을 진단 받았던 1억 7,700만 명의 사람들그것도 국제당뇨병협회에 등록된 국가에서만이 그 연구 결과의 혜택을 보았다.

원자폭탄 같은 과학적인 발전은 여전히 논란의 여지가 많다. 미국의 물리학자 J. 로버트 오펜하이머에 의해 주도된 이 기술적 성공은 과학계뿐 아니라 정치 · 경제계에 대단한 영향을 주어 연구재단이 설립되기도 했다. 과학은 때때로 사회가 과학의 발선에 수반되는 윤리적 문제에 대처할 준비를 하는 것보다 더 빨리 발달해 버리기도 한다. 따라서 사회는 시간이 흐른 후에야 과학이 간과했던 위험에 뒤늦게 관심을 갖는 일이 생기기도 한다. 미국의 생물학자 레이첼 카슨은 책《침묵의 봄》을 써서 환경운동, 생태운동을 알리며 살충제 과도 사용에 대한 국가적인 관심을 불러 모았다. 미국의 물리학자 윌리엄 쇼클리 등에 의한 트랜지스터 발명은 컴퓨터 혁명을 가져왔다. 수백만의 불임부부는 산부인과의사 패트릭 스텝토우가 체외수정 기술을 개발함으로써 희망을 갖게 되었다. 캐리 뮬리스의 중합효소 연쇄반응PCR 발명은 과학 수사에서 유전공학, 생태학, 고생물학에 이르기까지 다양한 분야의 새로운 활로를 개척해 주었다. 이언 윌머트는 다 자란 양의 체세포를 가지고 최초의 복제 포유동물을 만들어냄으로써 다른 과학자들이 공상과학 소설에서나 가능하다고 생각했던 일을 현실로 만들었다.

그것이 개척자들이 하는 일이다. 개척자들은 남들이 극복할 수 없다고 생각하는 고난과 역경을 딛고 상상조차 할 수 없는 일을 성취했다. 과학과 기술의 발전은 사회에 많은 것들을 약속했다. 도전을 받아들일 용기가 있는 내일의 개척자들이라면 앞서 언급한 10명의 과학자들이 그랬던 것처럼 분명 그 약속들을 이행해 나갈 것이다.

이 책에 등장하는 '과학의 개척자들'이 만든 눈부신 발견들은 평범한 사람들의 생활양식을 변화시켰다. 그들의 전문 분야는 의약에서 고체물리, 전자기학, 발생생물학에 걸쳐 다양했지만, 모두 과학의 원리를 기술개발에 적용했다. 이 책은 발명가들에 대한 단순한 책이 아니라, 우리 사회에 지대한 영향을 미친 선구적인 과학자들에 대한 이야기다.

차례

의학과 현대 위생학
그리고 식품제조 산업에
일대 혁명을 가져온
파스퇴르

Chapter 1

의학의 혁명을 이룬 화학자,

루이 파스퇴르

Louis Pasteur
(1822~1895)

세균병인설과 최초의 백신 개발

19세기가 낳은 위대한 과학자 루이 파스퇴르의 연구결과는 우리 사회의 여러 부분에 상당히 큰 영향을 미쳤다. '파스퇴르 법pasteurization'이라 불리는 저온살균법은 당시 프랑스의 와인 제조 산업에 크게 공헌했을 뿐 아니라 오늘날 많은 음료들의 세균 오염을 막고 유통기간을 늘리는 데 이용되고 있다. 파스퇴르는 또한 여러 질병이 해로운 미생물 즉, 세균이나 박테리아 때문에 발생한다는 사실을 발견했다. 이후 해로운 미생물의 번식을 조절하는 일련의 실험 과정에서 광견병, 탄저병, 조류 콜레라 등 수많은 병에 대한 백신vaccine을 최초로 개발해냈다. 그의 광범위한 연구는 인간과 미생물 사이의 밀접한 관계를 밝혀 오늘날 위생학의 초석을 마련했으며, 그에게 '미생물학microbiology의 창시자'라는 별명을 붙여 주었다. 한 가지 흥미로운 사실은 그가 화학에서부터 이 모든 연구를 시작했다는 점이다.

요즘 슈퍼마켓에 있는 수없이 많은 비누와 살균제들 그리고 청소용 세제들에는 '세균박멸'이라던가 '안티 박테리아'라는 문구를 쓰고 있다. 이제는 파스퇴르의 연구가 없는 우리의 삶은 상상하기조차 힘들 정도가 되었다.

> **파스퇴르 법** 턱물질. 대개 액체를 특정 온도로 일정한 시간 동안 가열하여 부분 살균하는 방법으로, 물질의 화학적 변성은 일어나지 않으면서 질병을 일으키는 병원균을 죽이게 됨
>
> **백신** 특정한 질병에 대한 면역을 증강시키기 위해 행해지는 예방접종
>
> **미생물학** 세균이나 원생생물 같은 아주 작은 생물을 연구하는 학문

프랑스 교육

루이 파스퇴르는 1822년 12월 27일 프랑스의 스위스 접경 지역의 돌이라는 소도시에서 태어났다. 아버지 장 조셉은 나폴레옹 1세 때의 프랑스 군인이었는데, 루이가 태어날 당시에는 동물의 가죽으로 제품을 만드는 제혁업자였다. 그는 조국에 대한 자부심과 교육에 대한 열의로 가득 찬 과묵한 성격의 소유자로 하나뿐인 아들 루이가 언젠가는 교사가 될 것이라는 꿈을 갖고 있었다. 루이의 어머니 잔은 정원사의 딸이었다. 루이는 여섯 살이 되던 해 가족이 살고 있던 아르브와의 학교에 입학했다. 그는 근처에 있는 강에서 친구들과 낚시하기를 좋아하고 초상화를 그리는 데 예술적인 재능을 보이기도 하는 평범한 학생시절을 보냈다.

열다섯 살이 되던 해에 루이가 다니던 학교의 교장 선생님은 루이의 비상한 면을 감지하고 그의 가족들에게 에꼴 노르말 슈피리에의 진학 시험 준비를 권유했다. 에꼴 노르말 슈피리에는 예술과 과학 방면의 교수를 양성하는 고등 사범 대학이었다. 제혁업자였더 루이의 아버지는 부족한 형편이지만 루이가 자신의 꿈을 이루도록 가능한 한 최선의 준비를 해주고 싶었다. 그래서 루이의 입시 준비를 위해 파리에 있는 기숙학교에 보냈는데 정작 루이는 큰 도시에서의 생활에 적응하지 못 하고 6주만에 가족이 있는 아르브와로 돌아와 학업을 계속했다.

1839년 루이는 40km 정도 떨어진 브장송 왕립 대학에 진학했다. 하지만 그때까지도 그림 그리는 일을 좋아해서 친구들과 이웃들의 초상화를 그리는 데 많은 시간을 보냈다. 그는 1840년 브장송 대학에서 문학사 학위를 받고, 이학사 학위 과정을 시작했다. 조교를 해서 용돈을 벌며 2년을 보낸 후에는 이학사 학위를 받았고, 며칠 뒤 에꼴 노르말 슈피리의 입학시험을 보았다. 그는 22명의 합격생 중 15위에 들었지만 불만족스러웠는지 합격 통지를 거절했다. 대신 파리에 있는 '리쉐 상 루이'라는 입시전문학교에서 1년을 더 공부하여 이듬해인 1843년, 4위의 성적으로 입학시험에 통과했다.

결정에 대한 연구

파스퇴르는 에꼴 노르말 슈피리에서 주로 물리학과 화학을 공부했다. 특히 '뒤마'라는 유명한 화학자의 강의를 즐겨 들었다. 뒤마는 파스퇴르에게 화학과 과학에 대한 열정을 심어 주었다. 1847년 이학박사학위 과정을 마친 후, 교수들은 교수의 길을 권했지만 파스퇴르는 실험 연구를 택했다. 그래서 브롬(수영장과 온천수를 정화하는 데 많이 쓰임)을 발견한 안통 제롬 발라드의 실험 조수직을 수락했다.

박사과정을 밟던 파스퇴르는 결정^{crystals}의 아름다움에 매료되었다. 소금이나 설탕 같은 많은 물질들은 뚜렷한 면과 규칙적인 각, 아름다운 색을 가진 독특한 결정을 만들어낸다. 각 결정의 구조는 물질을 이루는 원자^{atoms}의 배열 상태에 따라 달라진다. 특정 결정을 녹인 용액에 빛을 통과시키면 광선이 휘어지는데 이러한 성질을 일컬어 광학적으로 활성을 띤다고 한다. 파스퇴르는 빛이 진행하는 경로가 어떤 때는 오른쪽으로, 또 어떤 때는 왼쪽을 향해 휘어지는 것을 보고 의문을 가졌다. 그의 고향 아르브와가 포도밭으로 둘러싸여 있었기 때문인지 파스퇴르는 포도수 통에 저절로 생기는 결정(타르타르산과 라셈산)에 관심을 두고 실험을 진행했다. 이 두 가지 결정은 같은 구성성분, 심지어 같은 비율로 이루어진 물질임에도 불구하고 타르타르산은 빛을 왼쪽으로 선회시키는 반면, 라셈산은 그렇지 않았다.

파스퇴르는 확대경으로 결정을 조사하고, 관찰한 사실을 스케치하고, 결정에 의해 빛이 휘어지는 각도를 재는 특별한 기구를 손수 제작하여 이 명백한 퍼즐을 풀기 위해 고심하면서 실험실에서 오랜 시간을 보냈다. 그러던 어느 날, 그의 세심한 주의력과 놀랄 만한 직관으로 결정면이 타르타르산에서는 모두 한 방향을 향하지만, 라셈산에서는 양방향을 모두 향하고 있다는 사실을 알아챘다. 그는 두

> **결정** 원자, 이온이나 분자가 일정하게 반복적으로 배열하여 특징적인 패턴을 갖는 고체 입자
>
> **원자** 원소를 이루는 가장 작은 입자로, 양성자와 중성자로 이루어진 원자핵과 그 주변을 도는 전자로 이루어져 있음

개의 다른 방향을 향하는 결정면은 서로 상쇄되어 빛이 전혀 휘어지지 않게 될 것이라는 가설을 세웠다(이것은 +1과 −1을 더했을 때 아무것도 남지 않는 것과 같은 원리이다). 파스퇴르는 이 가설을 검증하기 위해 현미경을 사용하여 결정면이 가리키는 방향에 따라 결정을 공들여 분리하고, 각각을 녹인 용액을 따로 만들어 각 용액을 통과한 빛이 진행하는 경로를 측정했다. 한 용액에서는 오른쪽, 나머지 한 용액에서는 왼쪽으로 빛의 진행경로가 다르게 나타났고 그의 가설이 옳았음이 증명되었다. 이 젊은 과학자의 발견은 뉴스를 타고 전 세계로 전해졌다. 그는 분자^{molecules}의 물리적인 성질은 그것의 구성성분 외에도 구조에 의한 영향을 받는다는 사실을 밝힌 것이다.

25세의 젊은 나이로 루이 파스퇴르는 분자 내에서 원자의 위치와 배열 구조를 연구하고, 그 배열이 분자의 특성에 미치는 영향을 연구하는 화학의 새로운 분야인 입체화학^{stereochemistry}을 개척했다.

분자 물질이 고유한 성질을 가지는 가장 작은 입자로 한 개 혹은 그 이상의 원자로 구성됨

입체화학 분자 내에서의 원자의 공간적인 배열 혹은 분자 내 원자의 공간적인 배열과 배열에 따른 특성을 다루는 화학의 한 분야

이 주요한 발견 후 얼마 되지 않아 파스퇴르의 어머니가 세상을 떠났다. 그는 집으로 잠시 돌아왔다가 디용의 물리학 교수로 취직했다. 1849년 1월에는 스트라스부르크 대학의 화학과 교수로 임명되었다. 그곳에서 대학 학장의 딸인 22살의 마리 로렌을 만났다. 몇 주도 채 되지 않아 그는 그녀에게 청혼했고, 1849년 5월에 결혼식을 올렸다. 소문에 의하면 파스퇴르는 자신의 결혼식 당일 아침에도 연구를 하고

있어서 누군가가 결혼식 시간을 알려 주어야만 했다고 한다. 아무튼 마리는 루이에게 최고의 신부감이었다. 그녀는 학문에 대한 그의 열정을 이해하고, 집안일뿐 아니라 파스퇴르가 글을 쓰는 것도 도왔으며, 연구를 하는 데도 내조를 아끼지 않았다. 그들은 슬하에 5명의 자녀를 두었는데, 안타깝게도 그중 둘만이 성인 될 때까지 살아남았다. 그 시절 사람들은 아직 전염병을 어떻게 예방해야 할지 몰랐던 것이다.

발효

파스퇴르는 1854년 릴 대학의 과학과 학과장이자 화학과 교수로서 새 직장을 가지게 되었다. 31살의 젊은 나이로 학과장이 되는 것은 지금도 흔한 일이 아니듯 그때에도 이례적인 일이었다. 이 시기의 연구는 사회적인 문제 해결을 위해 과학을 응용하는 데 관심을 두기 시작하고 있었다. 파스퇴르가 가르치던 한 학생의 아버지가 그 지역에서 사탕무즙에서 알코올을 만드는 공장을 운영하고 있었는데 불행히도 그 사탕무즙이 때때로 신맛이 나서 손해가 많았다. 공장주 비고 씨는 파스퇴르에게 이 문제에 대한 도움을 요청했다.

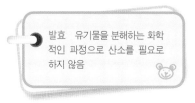

발효 유기물을 분해하는 화학적인 과정으로 산소를 필요로 하지 않음

발효^{fermentation}는 당을 알코올과 이산화탄소로 전환시키는 과정이다. 당시에도 효모가 발효에 어떤 역할을 하고 있다는 사실을 알긴 했지만, 단순한 화학반응으로만

결정들

라셈산 결정

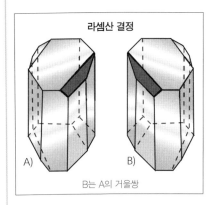

A)   B)

B는 A의 거울쌍

타르타르산 결정

모든 결정이 동일함

라셈산 결정

0° 회전

수평 편광이 라셈산 결정 용액을 통과하면 빛이 0° 회전.
거울쌍을 나타내는 결정이 같은 용액 안에 있으면 편광의 휘어짐을 상쇄시킨다.

7° 회전

수평 편광이 타르타르산 결정 용액을 통과하면 빛이 7° 회전.
동일한 결정이 같은 용액 안에 있으면 편광의 회전을 유발한다.

여겼다. 파스퇴르는 비고 씨의 사탕무즙 발효통에서 액체 몇 방울을 채취하여 현미경으로 관찰하고는, 신맛이 나는 통에는 효모뿐 아니라 수많은 다른 작은 물질이 있다는 사실을 알게 되었다. 그는 이 다른 물체들이 문제의 근원이라고 생각했다. 발효가 생물학적인 과정이라 여겨 효모가 살아 있는 생물로서 자신의 정상적인 대사과정을 통해 당을 알코올로 전환시킨다고 보았다. 이러한 연구에서 그는 미생물이 발효를 일으키며, 특정 미생물이 특정 종류의 발효에 관여한다는 발효의 미생물요인설을 발전시켰다. 오염이 일어나지 않은 통에서 효모에 의해 알코올이 만들어지고 있는 동안, 오염된 통에서는 효모와는 다른 미생물들이 우리가 원하지 않는 물질을 만들어내게 된다. 즉 다른 미생물인 세균^{bacteria}이 효모보다 훨씬 많아져 젖산우유를 상하게 하는 것과 같은 물질을 만들어내게 된다. 나른 과학사들은 효모가 당을 먹고 알코올을 배설하는데 이산화탄소를 부산물로 만들어낸다는 이 이상한 생각을 비웃었다. 하지만 이러한 비웃음은 파스퇴르의 연구를 부채질했다. 웃음거리가 되고 싶지 않았던 그는 더 맹렬히 실험 연구에 열을 올려 자신의 가설을 지지하는 더 많은 실험적 증거들을 수집했다.

세균 영어로 bacterium, 복수는 bacteria라고 쓴다. 하나의 세포로 이루어져 있으며, 현미경으로 봐야 보일 정도로 작은 원핵생물

이 작은 생명체에 홀려 버린 파스퇴르는 미생물의 대사과정을 연구하기 위해 특별한 고기 수프를 만들어야 했다. 미생물이 들어 있는 액체를 수프가 든 멸균 플라스크에 아주 작은 방울만 떨어뜨려

두어도 하루가 채 되지 않아 새 플라스크는 춤추며 떠다니는 수백만의 미생물로 가득해졌다. 파스퇴르의 나머지 과학적 업적들은 미생물 배양을 중심으로 전개되었다.

생물속생설

파스퇴르는 1859년에 자신이 공부했던 에꼴 노르말의 과학과 책임자로 임명되었다. 직함은 거창했지만 연구실과 연구비는 매우 제한되어 있었다. 그는 직접 만든 기구들을 가지고 다락방에서 실험을 진행했고 건물 계단 아래의 찬장에다 미생물을 배양했다. 그럼에도 불구하고, 이후 몇 년 동안에 자신의 가장 유명한 도전을 감행하여 미생물의 기원을 밝히기 위해 화학에서 생물학으로 그 학문의 둥지를 옮기게 된다. 그 시대에는 많은 사람들이 생명체가 생명이 없는 물질에서 자연적으로 발생한다고 믿었다. 그는 생명을 유지하는 데 필요한 설탕과 소금이 든 묽은 고기 수프를 이용하여 미생물을 배양하는 법을 알고 있었다. 만약 고기 수프가 든 플라스크나 미생물 배지를 잠깐 동안 열었다가 다시 닫은 후 며칠이 지나면 그곳은 작은 생명체들로 가득해진다. 파스퇴르는 이 작은 생명체가 먼지입자에 묻어 공기를 통해 운반되어 와 열린 플라스크 안으로 들어가게 된 것이라 믿었다. 그는 공기가 깨끗할수록 더 적은 수의 미생물이 포함되어 있을 것이라는 가설을 세웠다.

이 가설을 검증하기 위해 그는 20개의 플라스크를 아르브와 지방

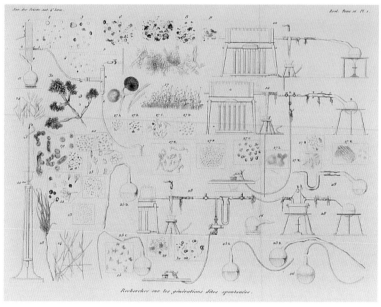

자연발생설에 관한 실험
파스퇴르는 부패와 발효에 관련된 미생물이 썩고 있는 물질에서 저절로 생기는 것이 아니라 공기 속의 먼지에 묻어 왔음을 증명했다.

근교에서 공기에 노출시키고, 20개의 다른 플라스크는 몽블랑 산꼭대기의 차가운 공기에 노출시킨 다음, 밀봉해 연구실로 가져와서 배양했다. 그 결과 아르브와에서 노출시킨 20개의 플라스크 가운데에 8개에서 미생물이 번식해 플라스크가 흐려졌으나, 산꼭대기 공기에 노출시킨 것에서는 단 하나에서만 세균이 번식했다. 많은 사람들이 파스퇴르의 주장을 의심했다. 어떤 사람은 공기 중에 떠다니는 생명체가 있는 것이 아니라 공기에 생명을 일으키는 구성요소가 있을 것이라고 반박했다. 그들은 플라스크를 가열하면 플라스크 안에 있던 공기가 가진 생명력이 사라진다고 생각했다.

파스퇴르는 미생물이 배양배지에서 저절로 생기는 것이 아니라 기존에 존재하던 미생물의 번식으로 생긴다는 것을 증명하기 위해 백조목 플라스크를 사용하게 되었다. 백조목 플라스크의 독특한 형태는 공기(생명체를 만들어내는 마법의 구성요소를 포함하는)는 들어갈 수 있으나 먼지입자는 고기 수프가 들어 있는 플라스크 아랫부분까지 도달할 수 없게 되어 있다. 그는 이미 존재하고 있던 모든 미생물이 죽도록 플라스크와 그 안에 든 액체를 충분히 가열한 후, 배양이 일어나도록 방치했다. 플라스크에서는 실제로 미생물의 성장이 일어나지 않았다! 파스퇴르기 플라스크를 기울여 멸균된 고기 수프기 플라스크의 구부러진 부분에 닿게 하자 미생물의 성장이 곧 일어났다. 이 유명한 실험은 생명체의 자연발생에 대한 논란에 종지부를 찍었다. 놀랍게도, 파스퇴르가 만든 원래의 플라스크 중 일부가 100년이 넘은 지금까지 미생물에 오염되지 않고 깨끗하게 보존되어 있다.

백조목 플라스크

파스퇴르는 자연발생설의 반증을 위해 백조목 플라스크를 특별히 고안해 사용했다.

양조산업과 양잠산업의 구세주

그사이 파스퇴르는 발효와 관련된 연구를 계속했다. 또한 염료의 화학과 건강-도구-건축의 관계에 대해 파리의 에꼴 데 보자르 미술관에서 강의를 하기도 했다. 당시 나폴레옹 3세 황제가 프랑스의 양조산업에 생긴 문제를 해결하기 위해 파스퇴르의 도움을 청했다. 프랑스는 포도주로 유명했지만 때로 그 포도주가 신맛과 쓴맛을 내었다. 파스퇴르는 즉시 그 문제의 원인을 사탕무즙에서와 마찬가지로 발효공정 내에 예기치 못한 미생물이 들어갔기 때문일 것이라 예상했다. 그는 구시가지의 간이식당에 실험실을 꾸몄고, 대부분의 포도주를 상하게 한 특정 미생물을 추정해낼 수 있었다. 사실 그는 미생물의 존재를 시험하여 어떤 포도주에 문제가 있는지 알 수 있다고 거만을 떨었다. 심기가 불편해진 포도주 감정 전문가들은 훌륭한 포도주를 섞어 놓고 파스퇴르를 골탕먹이려 했지만, 그는 좋은 포도주와 쓰거나 신 포도주를 맛도 보지 않고서 완벽하게 구분해냈다. 와인을 55℃에서 몇 분간 가열하면 해로운 세균은 죽지만 포도주의 맛은 전혀 변하지 않는다는 사실을 알게 된 것이었다. 이러한 방법으로 부분 멸균된 포도주는 장기간 저장이 가능했다. 파스퇴르 법이라 불리는 이 방법은 현대화되어 오늘날 포도주, 맥주, 여러 가지 음료, 우유, 치즈, 계란 등에 사용된다. 파스퇴르는 문제의 원인을 밝혔을 뿐 아니라 연구결과를 실용화하여 산업의 발전에 이바지했다.

파스퇴르의 아버지가 하나뿐인 아들에게 조국애와 애국심을 고취

한 것은 프랑스로서는 정말 득이 되는 일이었다. 양조산업을 구원한후, 프랑스 정부는 파스퇴르에게 양잠산업을 도와달라고 부탁해 왔다. 누에나방의 고치가 실크 제조에 사용되었는데 애벌레인 누에에 생긴 병으로 프랑스의 섬유산업이 큰 타격을 받고 있었기 때문이다. 1865년에서 69년 사이, 파스퇴르는 여름마다 알레 지방에서 작고 검은 반점을 생기게 하는 미립자병을 포함하여 누에에 생기는 병에 대해 연구했다. 현미경 분석에 따르면 병에 걸린 누에들은 작은 알처럼 생긴 미생물을 갖고 있었다. 그는 그 미생물을 가진 누에나방을 골라 죽이면 미립자병을 보이는 애벌레가 줄어들 것이라고 예상했다. 그러나 막상 실행해 보았을 때, 새로 깨어닌 애벌레들은 늘어진 몸을 가진 또다른 질병연화병을 가지고 태어났다. 연구결과도 실망스러웠지만 이 시기에 겹친 아버지의 죽음과 두 딸의 죽음은 파스퇴르를 절망에 빠트렸다. 하지만 그는 연구를 고집하여 마침내 특정 미생물이 특정 질병을 유발할 수 있음을 증명해냈다. 공개 실험을 통해 그는 한 무더기의 누에알을 택해 어떤 유충이 어떤 질병을 가질지 예측해 보았고, 그 예측은 한 치의 오차도 없이 정확했다. 또 한 번 새로운 발견 사실을 적용하는 파스퇴르의 능력이 발휘된 셈이었다.

그는 매년 가을 강의와 학생 기숙사 관리를 맡고 있던 에꼴 노르말로 돌아갔다. 하지만 그는 매우 규칙에 엄격했고 학생들은 엄격한 사감 선생님에게 불만이 많았기 때문에 곧 그 일에서는 벗어나게 되었다. 학교는 이 유명한 과학자를 잃고 싶지 않아 실험실 책임자의 지위를 제공했다. 같은 시기에 그는 소르본 대학의 교수로도 임명되었다.

불행하게도 1868년 파스퇴르는 뇌졸중으로 쓰러져 부분적인 신체마비를 겪게 되었다. 다리와 언변은 일부 회복되었지만 그 후 연구를 수행하는 데는 보조해 줄 사람을 필요로 하게 되었다. 게다가 프랑스와 프러시아 사이에 전쟁이 일어나 그는 파리를 잠시 떠나게 되었다. 프랑스는 결국 패했고 그 사실은 그를 매우 좌절시켰다. 독일 대학에서 수여한 명예박사 학위를 반납하고, 이탈리아 대학에서 제의한 교수직도 거절했다. 대신 독일과 경쟁하고 있는 조국에 보탬이 되는 일을 하고자 맥주 제조 연구를 시작하기로 결정했다. 프랑스가 맥주 제조에 겪고 있던 문제는 사탕무즙와 포도주의 발효에서 해결했던 문제와 흡사했다. 그는 얼마 지나지 않아 맥주 제조산업의 경제적 발전 또한 증대시켰다.

세균병인설

1877년경, 파스퇴르는 연구의 초점을 질병의 원인을 밝히는 데 두었다. 사랑하는 사람을 잃은 탓에 이런 관심이 생겼을 것이다. 우리는 세균이 병을 유발한다는 생각에 익숙해져 있지만 당시에는 이상한 생각이었다. 손 살균제와 항생제가 흔한 요즘 같은 시대에는 우습게 들리지만, 당시의 많은 사람들은 '나쁜 공기'나 심지어 사람의 사악한 본성 때문에 병이 유발된다고 믿었다. 그 후 10년 만에 파스퇴르가 이 문제에 대해 헌신하여 사람과 동물의 질병과 관련된 미생물을 6가지나 밝혀낸 것이다. 파스퇴르와 로버트 코흐는 둘 다

질병이 특정 미생물에 의해 유발된다는 '세균병인설'을 주장했다. 파스퇴르는 한 걸음 더 나아가 질병을 유발하는 미생물을 죽여 전염을 막을 수 있다고 제안했다. 탄저병으로 죽은 동물의 사체를 땅에 파묻는 것보다 불태워야 한다고 주장한 사람도 파스퇴르였다. 수술을 할 때 사용하는 도구와 수술부위를 소독하는 원리멸균 상태를 유지하는 것을 밝힌 것도 그였다. 그 시절 병원에 간다는 것은 곧 사형선고나 마찬가지였다. 수술 중 살균제로 페놀을 최초 사용한 외과의사 조셉 리스터 박사는 공식적으로 파스퇴르가 의학계에 공헌한 바가 크고, 그의 제안이 수많은 생명을 구했다며 감사를 표했다(리스터의 이름은 인기 있는 구강청정제 상표명의 기원이 되었다). 소독법 시행 뒤 수술 후 사망률은 50%에서 3%로 뚝 떨어졌다.

기적의 백신

파스퇴르는 프랑스에 있던 닭의 10분의 1을 모두 죽게 한 닭 콜레라에 대해 연구하기 시작했다. 그는 원인이 되는 세균을 실험실에서 배양하여 건강한 닭에 주사했더니 바로 발병하는 것을 확인했다. 한번은 아주 우연히 그의 실험 조수 에밀 루가 파스퇴르와 다른 조수들이 여름휴가를 간 사이 몇 개의 콜레라 배지를 장기간 방치한 일이 있었다. 아마 실험실의 누구도 휴가를 떠나기 전에 설거지를 하고 싶지는 않았으리라! 그런데 오래된 배지의 균을 닭에게 주사했더니 닭들은 미약하게 앓았지만 이내 회복되었다. 같은 닭에게 이후 새로 배양한 콜레라균을 접종하자 병에 걸리지 않았다. 파스퇴르는 이 닭들에게 일어난 일과 에드워드 제너 박사가 천연두 감염을 막기 위해 우두를 사람에게 접종했을 때 일어난 일을 비교해 보았다. 이 닭들은 콜레라에 '예방 접종된' 것이었다. 오래된 배지의 콜레라균은 약해져 치명적인 병을 일으키는 능력은 잃어버렸지만, 닭이 차후 같은 병에 걸리는 일을 막아 주었다. 오늘날 과학자들은 이것이 면역계가 특정 미생물에 노출되었을 때 항체를 생성하고, 이 항체가 면역계에 남아 있어 같은 미생물에 다시 노출되었을 때 병에 걸리는 것을 막아 준다는 사실을 잘 알고 있다.

1881년까지 파스퇴르는 비슷한 기술을 사용해 탄저병 백신을 개발했다. 탄저병은 소떼와 다른 방목 가축들을 죽이고 있었다. 푸이르 포르에서 대규모로 이 백신의 유용성을 검증하는 공개 실험을 하는 동안, 파스퇴르의 조수들은 24마리의 양, 6마리의 소, 1마리의 염소에게 탄저병 백신을 접종했다. 12일 후 이 동물들에게 같은 백신을 다시 접종하고, 두 번째 백신 접종 2주 후에 접종을 한 동물뿐 아니라 접종을 하지 않은 24마리의 양, 6마리의 소, 1마리의 염소를 더 데려와 배양된 탄저병균을 직접 주사했다. 파스퇴르는 집에 돌아왔을 때 아마 이 놀라운 실험의 결과가 예상대로 나오지 않는다면 자신의 명성에 어떤 악영향을 미칠지 우려했을 것이다. 그는 이틀 후 이 역사적인 사건을 보기 위해 몰려든 농부, 수의사, 과학자, 기자들과 정부 관계자들에게로 돌아왔다. 백신을 접종한 모든 동물들은 건강했으나, 접종하지 않은 양 중 21마리와 염소 1마리는 이미 죽어 있었다. 백신 접종을 하지 않은 4마리의 소는 발열과 부종을 보였고, 결국 나머지 3마리의 양과 소들도 죽었다. 한 달 전까지만 해도 파스퇴르가 잘난 척한다고 비웃고 비난했던 사람들조차 이 새로운 백신의 놀라운 생명구제효과를 부인할 수 없었다.

그다음 그는 광견병으로 연구 주제를 돌렸다. 어린 시절 파스퇴르는 이 병의 무서운 효과를 직접 목격했다. 미친개에게 물린 후 죽음을 피하기 위해 대장간의 인두로 상처 부위의 살을 지져대는 고통스런 비명소리를 들으며 곁에 서 있었던 것이다. 광견병의 증상은 감염된 동물의 침을 통해 사람에게 전해진 후에도 한 달 혹은 그 이상의 시간이 흐를 때까지 나타나지 않는다. 하지만 일단 증상이 나타나면 회복의 가능성은 거의 없다. 광견병 바이러스는 척수를 침범하여 온몸으로 퍼지고 액체를 삼킬 때마다 마비와 격렬한 근육 경련을 일으킨다. 호흡을 조절하는 뇌의 부분이 파괴되면 대개 죽음에 이르게 된다. 오늘날 사람들은 광견병에 걸린 동물에게 물린 후에야 예방 접종을 한다. 이는 잠복기간이 길기 때문에 가능하다.

광견병은 미세한 바이러스에 의해 유발되기 때문에 파스퇴르는 현미경으로 그것을 찾아내지도, 세균 배양 시스템을 이용해 그것을 배양할 수도 없었다. 그렇지만 연구를 포기하지 않고 살아 있는 생물 안에서 바이러스를 키웠다. 파스퇴르는 감염된 토끼의 척수를 떼어내어 건조 시간을 다양하게 해서 말렸다. 그리고 50마리의 개에게 이 척수를 포함한 주사를 여러 번 놓았는데, 각각의 주사는 지난번 주사보다 짧은 시간 동안 말린 척수조직이 들어 있었다. 즉, 각 주사는 지난번에 접종한 주사보다 강력한 바이러스를 포함하고 있었다. 마침내 그는 병 자체를 일으키는 강도의 주사를 개들에게 놓았지만 한 마리도 아프거나 죽지 않았다.

1885년 7월 6일, 한 절박한 어머니가 아홉 살 된 아들 조셉 마이스터를 파스퇴르에게 데려왔다. 그는 이틀 전 광견병에 걸린 개에게 수십 차례 물렸던 것이다. 파스퇴르가 아무리 개에 대한 광견병 백신의 성공에 자신이 있었다고는 해도 상대는 사람이었고, 파스퇴르 자신도 아들을 둔 아버지로서 소년에게 접종을 해야 할지 말아야 할지 매우 신중하게 생각했다. 소년에게 아무런 조치도 취하지 않을 경우 그가 거의 확실히 죽을 것이라고 진단한 2명의 의사와 상의한 후에야 백신을 접종하는 데 동의했다. 그 자신이 직접 접종하는 것을 견딜 수 없어 조수를 시켜 조셉에게 13차례에 걸쳐 접종을 실시하도록 했다. 소년을 집으로 돌려보낸 후 파스퇴르는 마음을 졸이며 기다리고 기다리고 또 기다렸을 것이다. 결과적으로 소년은 전혀 병들지 않았고, 그 시도는 성공이었다.

3개월 후에는 열다섯 살의 양치기 장 밥티스테 쥬필이 백신을 접종받기 위해 파스퇴르에게 왔다. 이 용감한 청년은 양떼와 양치기들을 습격한 미친개와 싸워 어린 양치기들의 생명을 구했지만 자신은 비참하게 물린 지 6일이나 흘러 있었다. 백신이 작용하기에 너무 늦은 시간이 아니었을까? 그렇지 않았다. 그 후 수년 동안 기적의 광견병 백신을 얻기 위해 수천 명의 사람들이 파스퇴르를 찾았다.

명백한 성공에도 불구하고 몇몇 과학자들은 그때까지도 백신이 쓸모없고 심지어 위험하다고 주장했다. 그들은 한 번 광견병에 걸렸던 사람들은 드러나지는 않지만 병을 체내에 갖고 있을지도 모르고, 백신이 광견병을 막기보다 오히려 일으키지 않을까 염려했다. 영국 광견병위원회는 이 문제에 대해 심도 있게 연구한 결과 1887년 파스퇴르의 백신이 실제로 수많은 생명을 구했다고 선언했다.

파스퇴르 연구소

광견병 백신의 성공으로 벌어들인 돈은 광견병의 치료와 다른 미생물학적 문제를 해결하는 비영리 생물의학 연구소를 세우는 데 사용되었다. 1888년 파스퇴르 연구소가 파리에서 문을 열었다.

1887년 2번의 뇌졸중을 더 겪은 파스퇴르는 건강과 기억력이 악화되었다. 많은 연구를 할 수는 없었지만 1895년 9월 28일 눈을 감기 전까지 파스퇴르는 파스퇴르 연구소의 소장으로 일했다. 대규모의 공개 장례식이 베르사유 궁전에서 열렸고, 그의 시신은 파스퇴르 연구소에 묻혔다. 광견병 백신을 최초로 접종받은 조셉 마이스터는 2차 대전 중 독일이 파리를 점거할 때까지 45년간 파스퇴르 연구소의 문지기로 근무했다. 소문에 의하면 그는 독일군을 위해 파스퇴르의 무덤을 파헤치느니 차라리 자살을 택했다고 한다.

파스퇴르 연구소는 오늘날 세계적으로 확장되어 100여 곳의 연구소와 2,700여 명의 연구원을 보유하고 있다. 현재까지 8번이나 노벨상의 영예를 안았으며, 연구소의 과학자들은 에이즈 바이러스의 분리, 많은 종류의 백신과 설파제항생제의 개발, 바이러스의 제어와 암 탐지 및 치료를 포함해 생물의학 연구에서 비약적인 발전을 수없이 이루어냈다.

루이 파스퇴르는 도전을 통해 성공했다. 어린 시절에는 말 없는 소년이었지만, 소심한 과학자는 절대 아니었다. 그는 자신의 능력에 끝없는 자신감을 가졌고, 상대를 반증하는 것을 즐겼다. 이 때문에 적개심을 가진 과학자들도 있지만 그의 과학적 연구 결과를 적용한 효과를 인정하지 않을 수 없을 정도로 파스퇴르의 연구는 뛰어났다.

파스퇴르는 실험을 바탕으로 논리적이고 직관적인 예측을 하는 기술과 연구의 각 단계가 추구하는 바를 인지하는 능력을 갖고 있었다. 그는 공부했던 물리학과 화학 분야에 국한시키지 않고 자신을 그저 '과학자'로 인식했다. 또한 관찰과 과거의 자료로부터 실험 가설을 세우는 것이 주어진 분야의 모든 정보를 아는 것보다 중요하다는 사실을 잘 알고 있었다. 그는 자신의 연구 주제에 대한 세부사항은 언제든 찾아볼 수 있다는 것을 알고 있었고, 날카로운 직감과 감히 필적할 수 없는 추진력을 가진 실험가였다. 덕분에 그는 살아 있는 동안 신화적인 존재가 될 수 있었다.

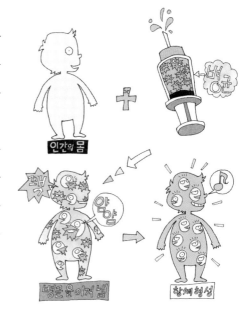

코흐의 가설

　루이 파스퇴르의 연구는 그의 라이벌이자 독일의 물리학자인 로버트 코흐의 연구와 필적한다. 코흐는 탄저병균과 결핵균을 발견하여 세균학의 선구자로 여겨지며, 세균을 분류하기 위한 염색법을 개발했고, 콜레라균을 연구했다. 파스퇴르도 탄저병균과 콜레라에 대해 연구했고 광견병을 포함해 성공적인 백신들을 개발했다. 코흐는 결핵균에 대한 백신을 개발했으나 결국 실패했다. 그는 1905년 결핵균에 대한 연구로 의학, 생리학 분야의 노벨상을 수상했다. 파스퇴르는 불행히도 노벨 재단이 설립되기도 전에 사망하고 말았다. 현대 미생물학 교과서에는 특정 미생물이 질병을 유발하는지를 검사하기 위해 고안된 일련의 실험과정이 제안되어 있는데 이것을 '코흐의 가설'이라 부른다.

　첫 번째 가설은 질병의 원인이라고 생각되는 어떤 미생물이 그 질병을 앓고 있는 모든 개체에서 발견되어야 하고, 건강한 동물에서는 발견되지 않아야 한다는 것이다. 두 번째는 감염된 숙주로부터 의심되는 미생물이 분리 가능해야 하고 반드시 순수배양되어야 한다. 세 번째는 순수 분리한 미생물을 건강한 숙주에게 접종했을 때 동일한 질병을 일으켜야 한다. 마지막으로 인공으로 감염되어 병을 앓고 있는 숙주로부터 동일한 미생물이 검출되어야 한다. 어떤 병균들은 실험실의 인공적인 환경에서 배양하는 것이 어렵고, 사람의 경우 세 번째 가설을 검증하기 위해 인공적으로 숙주에 감염시켜볼 수도 없기 때문에 이 방법이 완전하지는 않다. 그럼에도 불구하고 코흐의 가설은 특정 미생물이 특정한 질병의 원인이 되는지를 결정하는 중요한 기준으로 사용되고 있다.

연 대 기

1822	12월 27일 프랑스의 돌 지방에서 출생
1839~42	왕립 브장송 대학에서 수학
1842~43	파리의 리쎄 상 루이에서 수학
1843~48	파리의 에꼴 노르말 대학에서 화학 연구
1844	화학과 결정학 연구 시작
1845	이학 석사학위 취득
1847	화학으로 이학 박사학위 취득
1848	결정면의 역할 발견
1849~54	스트라스부르크 대학에서 화학 강의
1854~57	릴 대학의 과학과 학과장이 됨
1856	사탕무 발효 연구 시작
1857	발효의 세균요인설 도입

1857~67	에꼴 노르말의 과학과 책임자로 근무
1863~67	파리의 에꼴 데 보자르 미술관에서 과학 강의
1864	소르본 대학에서 생물속생설 강의, 양조산업에 공헌한 저온살균법 개발
1865~69	알레 지방에서 누에의 미립자병 연구
1867~74	파리 소르본 대학에서 화학 강의
1867~88	에꼴 노르말의 화학 실험실 책임자로 근무
1871	맥주 발효 연구 시작
1877	탄저병 연구 시작
1880	닭 콜레라 백신 개발, 광견병 연구
1885	조셉 마이스터에게 최초 광견병 백신 접종. 장 밥티스테 쥬필에게 두 번째 광견병 백신 접종
1888	파스퇴르 연구소 설립
1888~95	파스퇴르 연구소 초대 연구소장 역임
1895	72세의 나이로 9월 28일 빌너브 지방에서 사망

라듐과 폴로늄을
발견하여 방사능 연구의
선구자가 된 마리 퀴리

Chapter 2

방사능 연구의 선구자,

마리 퀴리

Marie Curie
(1867-1934)

라듐과 폴로늄의 발견

방사능^{radioactivity}이란 말은, 형광물질의 신비한 이미지와 흰 가운을 입은 과학자들, 핵폐기물과 오염제거반의 무시무시한 모습, 그리고 몇몇 사람들에게는 기적의 암 치료를 상기시키는 단어이다. 과학적인 의미로 방사능은 단순히 원자 내부 입자들$^{subatomic\ particles}$의 방출 혹은 불안정한 핵에서 방출되는 에너지를 의미한다. 우라늄, 토륨, 폴로늄^{polonium}과 라듐^{radium} 같은 몇 가지 원소들은 알 수 없는 원인에 의해 자연적으로 방사능을 띤다.

1896년 프랑스의 물리학자 앙리 베커렐이 우연히 방사능을 발견한 이후, 물리학자들은 방사능의 성질에 매료되었고, 병든 세포를 죽이는 그 잠재력을 활용하고자 시도해 왔다. 과학자들과 임상의학자들을 모두 만족시키기 위해 방사능을 가진 원소들이 최초로 확인되고 분리되었다.

마리 퀴리는 방사성 원소인 폴로늄과 라듐을 발견한 이후 방사능의 미스터리를 풀기 위해 일생을 바친 특별한 연구자였다. 그녀의 발견은 원자의 구조에 대한 새로운 이해를 가능하게 했고, 의학치료에서 새로운 분야를 개척했다. 그

> **방사능** 알파선, 베타선, 감마선처럼 원자핵이 붕괴될 때 방출되는 에너지 입자들. 이 선들은 핵의 방사성 붕괴가 일어날 때도 방출됨
>
> **원자 내부 입자** 양성자와 전자처럼 원자보다 작은 입자의 단위
>
> **폴로늄** 원자번호 84번의 희귀한 방사성 화학 원소
>
> **라듐** 원자번호 88번. 우라늄이 분열해서 형성되는 방사성 원소

러나 운 좋게 무언가를 발견했다거나, 적재적소의 발견으로 유명해진 몇몇
과학자들의 경우와 달리 퀴리 부인은 자신이 발견한 사실의 중요성을 너무
나 잘 인식했고, 결국 그녀를 죽음에까지 이르게 할 정도로 오랜 시간 동안
필사적으로 헌신하여 국제적인 명성을 얻게 되었다.

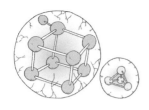

폴란드의 유산

마냐 스클로도프스카는 1867년 11월 7일 폴란드의 수도 바르샤바 근처에서 교육자인 두 부모 사이에서 5남매 중 막내로 태어났다. 당시에는 러시아가 폴란드를 지배하고 있었고 폴란드 문화의 흔적을 지우려 최선을 다하고 있었지만, 마냐의 부모님은 아이들에게 폴란드어와 폴란드 전통에 대해 몰래 가르쳤다. 이 교육은 마냐에게 자신의 정체성에 대한 지각과 이후 그녀 삶에서 일어날 수많은 성취에 필요한 자신감을 심어 주었다.

1873년 마냐의 아버지는 엄격한 러시아 교육과정을 따르지 않는다는 이유로 물리학 교사직에서 파면되었다. 경제적 부담을 덜기 위해 마냐의 가족은 하숙인을 받기 시작했고, 그 때문에 마냐는 자신의 침실을 내어 주고 거실에서 생활해야 했다. 어머니는 결핵을 앓고 있어서 아이들은 그녀에게 뽀뽀를 하는 것조차 허락되지 않았다.

마냐가 8살이 되던 해 그녀의 큰언니가 죽었고, 10살이 되자 어머니도 세상을 떠났다. 마냐는 슬펐지만, 어려운 환경 속에서도 학교 공부를 열심히 해서 15세에 고등학교를 수석으로 졸업했다. 그녀는 폴란드어뿐 아니라 프랑스어, 독일어, 러시아어로 읽는 법까지 모두 배웠다. 그녀의 꿈은 아버지처럼 과학교사가 되는 것이었다.

소르본 대학

폴란드에서는 여자가 대학에 다닐 수 없었기 때문에 마냐는 지식에 대한 갈증을 풀기 위해 플라잉 대학에 들어갔다. 플라잉 대학은 폴란드의 애국자들이 비밀회의를 가지며 서로 수학, 과학, 역사 같은 과목을 가르쳐 주는 혁명단체였다. 마냐와 그녀의 언니 브로냐는 둘 다 정규 대학 교육을 원했고, 프랑스의 소르본 대학은 최적의 장소로 여겨졌다. 러시아 제정의 억압적인 통치하에서 자란 두 소녀에게 있어 프랑스는 곧 자유를 의미했다. 돈이 없었기 때문에 둘은 서로 협상을 했다. 마냐가 가정교사를 해서 브로냐의 학비를 댄 다음, 브로냐가 마냐의 학위과정을 뒷받침해 주기로 한 것이다. 브로냐는 파리에서 의대를 다니는 동안 망명한 폴란드인 의사를 만나 결혼했고, 자신의 학업이 모두 끝나자 마냐를 대학에 보냈다.

1891년에 파리로 이사했을 당시 마냐는 거의 24세였다. 그녀는 소르본 대학에 등록할 때 자신의 애칭 '마리아'의 프랑스어 버전 '마리'라는 이름을 사용하기 시작해 줄곧 그 이름으로 불렸다. 처음에는 언니와 함께 살았지만 두 시간이나 되는 통학 거리가 공부에 방해가 되었기 때문에 집을 구해 독립했다. 그녀의 프랑스어 회화 실력이 형편없었기 때문에 마리는 교수님들의 말을 이해하기 위해 고전해야 했다. 외국인이었던데다가 과학과목을 수강하는 여학생이 거의 없었기 때문에 그녀는 외톨이였고, 그만큼 공부에 전념할 시간은 더 많았다. 그녀는 검소하게 먹었고, 교통비가 너무 비싸서 어디든 걸어다녔으며, 밤마다 춥고 습한 다락방 집보다 훨씬 따뜻한 도서관에서 공부했다. 비록 육체적으로는 허약해졌지만 18개월 만에 물리학 학사학위를 따내었다. 게다가 수석이었다. 1년 후에는 수리학 과목에서 차석으로 두 번째 학사학위를 땄다. 무엇이든 필사적으로 열심히 하는 마리의 노력 덕분이었다.

그녀가 아버지를 돌보기 위해 폴란드로 돌아갈 계획이었을 때, 자기학 연구를 위한 소정의 연구보조금을 받게 되었다. 또한 대학 친구의 추천으로 파리시립대학의 공업물리학 화학과 조교 자리를 얻을 수 있었다. 그녀가 돕게 된 교수의 이름은 피에르 퀴리였다. 그는 자기에 대한 연구와 압전기(어떤 결정체에 기계적으로 강한 압력을 가했을 때 발생하는 전기)를 발견한 공적을 인정받아 공업물리학과 화학 분야에서는 꽤 존경받고 있었다. 그는 그의 형 자크와 함께 소량의 전기를 측정하는 정전기 전압계도 발명했다.

함께 일한 지 얼마 지나지 않아 피에르와 마리는 학문을 향한 열의나 과학에 대한 열정뿐만 아니라, 서로 사랑하고 있다는 것을 깨닫고 1895년 결혼했다. 그들은 신혼여행으로 브르타뉴에 자전거 여행을 떠났다.

피에르와 마리는 자기학에 대한 서로 다른 면을 연구하며 피에르의 연구실에서 오랜 시간 동안 함께 일했다. 피에르는 물리학에서 박사학위를 받았고, 마리는 교사자격증을 땄다. 그들은 자신들의 삶뿐만 아니라 꿈과 연구도 공유할 수 있었다. 그러던 중 1897년 9월 그들의 첫 딸 아이린이 태어났다.

폴로늄과 라듐

이즈음, 마리는 물리학 박사학위 논문의 주제를 찾고 있었다. 유럽에서는 아직 여자가 박사학위를 받은 적이 한 번도 없었다.

1985년, 독일의 물리학자인 빌헬름 뢴트겐은 음극^{cathode} 선에 대해 연구하다가 우연히 물, 나무 심지어 인간의 피부조차도 통과할 수 있는 신비로운 방사선을 발견하고 이를 X-선^{X-rays}이라고 이름 붙었다. 이듬해, 프랑스 물리학자인 앙리 베커렐은 X선이 발광^{luminescence} 빛의 방출과 관계있다는 가설을 세웠다. 이것을 실험하기 위해서, 그는 발광 물질인 우라닐황산칼륨을 두꺼운 검은 천으로 덮여진 사진필름 위에다 놓고, 태양광선에 노출시켰다. 그런 후에 필름 위의 천을 뜯었더니, 필름 위에 거무스름해진 반점이 나타났다. 이는 발광물질이 어떤 형태의 방사선을 방출시켰으며, 방출된 방사선이 검은 천을 투과해 필름이 방사선에 노출되었다는 것을 암시하는 것이었다.

음극 음(-)으로 하전된 전극. 전지에서는 (+)쪽 끝 부분

X-선 빛과 같은 전자기적 간섭(전자기파)이지만 빛보다는 훨씬 진동수가 큼

발광 화학 혹은 생리학적 과정에서 나타나는 열을 동반하지 않는 빛의 방출

다음날은 하늘에 구름이 많이 끼어서 실험을 진행할 수가 없었다. 그래서 그는 사진필름 위에 우라늄 염을 얹은 채로 어두운 서랍 속에 넣어 두었다. 며칠 뒤, 아무 생각 없이 그 필름을 현상하다가 필름 위에 검은 반점들이 있는 것을 발견했다. 어떤 방사능 물질이 검은 천을 통과했으며, 필름이 방사선에 노출되었던 것이다. 이 신비스러운 우라늄 광선의 실체가 무엇인지 궁금해진 마리는 이것을 자신의 논문 주제로 택했다.

그녀는 첫 번째 실험에서 한정된 도구들을 사용할 수밖에 없었다. 그 도구들 중에는 그녀의 남편이 발명한 정전기 전압계도 있었다. 얼마 지나지 않아 그녀는 토륨 역시 같은 광선을 방사한다는 사실과 그 광선들의 강도가 오로지 현재의 토륨 혹은 우라늄의 양에 따라 달라진다는 사실을 알아냈다. 그 사실로부터 그 광선들이 원소의 외부가 아니라 내부의 물실로부터 나오는 것임을 알 수 있었다. 이것이 그녀의 가장 중요한 과학적 업적의 시작이자 핵물리학의 첫걸음이었다. 그녀는 그 광선들을 '방사선'이라고 불렀다. 그 후 차례로 다양한 광물뿐만 아니라 모든 알려진 원소들을 하나하나 조사해 나갔다. 우라늄의 필수 광석인 역청 우라늄광은 특별한 방사능 물질이었다. 몇 번이나 되풀이하여 측정한 끝에, 마리는 우라늄보다도 훨씬 더 많은 방사선이 역청 우라늄광으로부터 방사된다는 사실을 알아냈다. 역청 우라늄광보다도 더 방사능이 강한, 알려지지 않은 다른 물질이 있을 것이라는 가설을 세운 마리는 그 물질을 찾아낸 후, 모국 폴란드의 이름을 따서 폴로늄이라고 불렀다. 또한 우라늄보다 방사능이 300배나 더 강하다는 것을 알아냈다.

이 연구결과는 1898년 7월에 발표되었다. 몇 달 후, 훨씬 강한 방사능 원소가 역청 우라늄광에도 존재한다는 것이 명백하게 되었고, 그녀는 그것을 라듐이라고 명명했다. 이 사실은 1898년 〈사이언스〉지에 실렸다. 라듐이 폴로늄보다도 백만 배 정도 더 방사능이 강하다는 것도 이때에 이르러 밝혀졌다.

이 무렵 피에르는 아내의 발견이 얼마나 중요한 것인지를 잘 알고 있었다. 그는 그녀를 도와주기 위해 광석에 대한 자신의 연구는 제쳐 두기까지 했다. 새로운 원소가 존재한다는 것을 증명하기 위해서는 먼저, 원소의 표준을 측정하고 원자량 atomic weight 을 측정할 수 있을 만큼 충분한 양의 역청 우라늄광을 구해야 했다. 마리와 피에르는 오스트리아 과학 학술원을 통해서 얻은 수 톤의 역청 우라늄광산 폐석 더미를 한 번에 2kg씩 4년 동안 정제했다. 이 작업은 육체적으로 힘들어서 그들을 녹초가 되게 만들었다. 마리는 종종 자신의 키만큼 큰 철봉으로 온종일 끓는 혼합물을 저어야 했고, 그 혼합물을 증류해 불순물을 제거하고, 전기분해까지 해야 했다. 그러나 피에르나 마리 그 누구도 그들의 노력이 그만한 가치가 있는 것이라는 점에 대해서는 전혀 의문을 품지 않았다.

피에르가 다니던 학교의 학장은 퀴리 부부가 학교 밖에 있는 창고를 작업실로 쓰는 것을 허락해 주었다. 비록 바람과 빗물이 새어 들어오는 허름한 곳이었지만, 마리는 소나무로 만든 테이블에다 그녀

> 원자량 특성 원소의 모든 동위원소들의 평균 질량

의 조잡한 과학 장비들을 설치해 두고, 수년 동안 악조건 속에서도 세계 최고의 연구를 해냈다.

수년이 지났을 때, 퀴리 부부는 힘든 작업들을 간신히 버텨 나가고 있었다. 연구를 하다가 새로운 것을 발견했을 때의 기쁨만이 겨우 그들에게 위안이 되어 줄 뿐 작업은 힘들고도 위험했다. 또한 당시에는 방사선이 얼마나 위험한 것인지 알려져 있지 않아서 퀴리 부부는 점점 방사선에 오염되고 있었다. 손과 얼굴은 화상을 입은 것처럼 오그라들었고 통증으로 고생했다.

온종일 지치고 현기증이 났다. 피에르는 다리가 너무 아파, 때로는 서 있을 수가 없을 정도였다. 그러나 저녁식사 후 아이린을 재우고 난 뒤에 볼품없는 작업실로 돌아가 보면, 그들이 고생해서 얻은 그 작은 금속 조각들이 유리병 속에서 부드러운 푸른빛을 내고 있었다. 그들은 그 따스한 빛깔에 매료되어 그것이 가진 위험도 모른 채 계속 연구를 해나갔다.

박사학위와 노벨상

1902년 3월, 마침내 퀴리 부부는 0.1g의 순수 라듐 염화물을 추출했다. 그들은 라듐이 225의 원자량을 가진다고 판단했다(현재의 원자량은 226이다). 그 결과를 토대로 그녀는 학위논문을 썼고, 1903년 마리는 유럽에서 박사학위를 받은 첫 번째 여성이 되었다. 그것은 정말 대단한 업적이었다. 그러나 여기에서 멈추지 않고

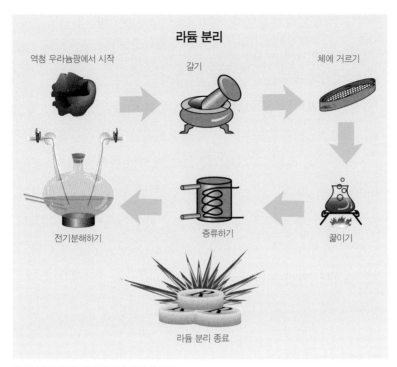

라듐 분리

역청 우라늄광에서 시작

갈기

체에 거르기

전기분해하기

증류하기

끓이기

라듐 분리 종료

육체적으로 힘든 라듐정제의 다단계 공정

그녀는 더욱 더 연구해서 결국 물리학에서 노벨상을 받은 첫 번째 여성이 되었다. 그녀는 이 영광을 베커렐과 자신의 남편과 함께 나누었다.

사실 선발위원회에서는 여자가 수상자가 될 수 있는가에 대해서 반대하는 사람들이 많았지만, 그녀의 업적은 이러한 반대의 소리를 이겨낼 만큼 대단한 것이었다. 이처럼 그녀의 이름이 노벨상을 받으며 유명해졌음에도 마리는 우쭐대거나 이를 이용하여 이익을 챙길 생각을 하지 않고, 항상 겸손하게 처신했다. 그녀는 라듐 생산기술에 대한 특허를 내지 않았다. 퀴리 부인은 자신이 발견한 것들은 모든 과학 분야와 전 인류의 재산이라고 생각했다. 그녀는 일생 동안 자신의 지식과 라듐을 무상으로 공유했다.

노벨상 발표 이후에 마리와 피에르 퀴리의 삶은 갑작스런 유명세를 타게 되었다. 신문은 지극히 일반인이었던 두 사람을 영웅처럼 추켜세웠고, 대중들의 호기심은 그들에게 대단한 스트레스를 안겨 주었다. 1905년 6월에는 관례적인 수상 수락 연설을 하기 위해 스톡홀름으로 가야 했으나 그 둘 모두 너무 아파서 갈 수 없었다. 1903년 퀴리 부인은 아이를 사산했다. 1904년 그녀는 임신한 것을 알게 되자 아기를 위해 출산할 때까지 연구를 중단했다. 그리고 '이브'라는 이름의 건강한 딸을 낳았다.

인생은 아름다웠다. 그들의 재정적인 어려움들은 줄어들게 되었고, 그들 인생에 있어서 대중의 관심은 다소나마 진성되었다. 그들은 함께 연구를 계속해 나갔고, 때때로 가족과 함께 시외로 나가 휴식을 취하기도 했다. 피에르의 어머니가 돌아가시고 그의 아버지가 아이들을 보살펴주면서 그들은 딸들을 걱정하지 않고 연구에 몰두할 수 있었다. 피에르는 물리학과 과장 자리를 맡게 되었고 대학에서 새로운 실험실을 약속받았다.

그는 몇몇 물리학자들과 함께 공동연구를 통해서 방사능을 의술에 적용할 수 있을지 검토하기 시작했다. 그는 하루 동안 자신의 팔에 라듐 샘플을 붙여 두었다가 라듐이 피부 세포를 공격한다는 사실을 알아내었다. 그 결과 딱지가 앉고 흉터가 생기면서 자국이 남게 되었는데 이것은 방사능이 비정상적으로 자란 세포를 선택적으로 파괴하는 데 이용될 수 있다는 것을 의미했다. 이후 몇 년 지나지 않아 퀴리 부부가 아낌없이 제공한 라듐을 이용해 최초의 성공적 암 치료가 이루어지게 되었다.

비극과 스캔들

1906년 4월, 피에르는 그 당시 퀴리치료법이라고 불리던 방사능 치료법의 혜택을 보지 못하고 세상을 떠났다. 대학 동료들과 함께 오찬 모임에 참석하고 나서 출판업자를 방문했던 피에르는 비가 내리자 우산을 펼쳐들고 길을 건너던 도중에 달려오던 마차의 뒷바퀴에 치였다. 그는 두개골이 깨져서 그 자리에서 숨을 거두었다.

마리는 사랑하는 남편인 동시에 그녀와 모든 순간을 공유해 온 헌신적인 연구 동료에 대한 이 비극적인 소식에 망연자실했다.

그가 죽은 뒤 2주가 되지 않아서 마리는 연구실의 수장으로서 피에르의 뒤를 이었으며, 소르본 대학의 강의도 맡게 되었다. 다시 한 번 여성으로서는 처음인 일이었다. 그녀는 피에르가 마친 바로 그 지점에서부터 강의를 시작했다. 그녀는 계속해서 라듐을 분리해내는 연구법 개발에 골몰했다. 그녀는 자신의 능력을 의심하는 사람들에게 그녀 자신이 매우 능력 있는 연구자이며 남편의 덕으로 이 자리에 오른 것이 아니라는 사실을 증명해 보였다.

1908년 그녀는 소르본 대학의 교수가 되었고, 1910년에는 방사능에 대한 전문서적을 출간했다. 라듐에 관한 국제적인 표준을 마련할 때에도 그녀가 전문가임은 명백해서 라듐 금속 2mg의 샘플을 그녀에게 요청하기도 했다. 그러나 그녀는 뛰어난 업적에도 불구하고 프랑스 과학 아카데미의 회원이 되고자 지원했을 때 추천을 받는데 실패하게 되었다.

1911년 말 스캔들이 터졌다. 마리와 그녀의 동료이자 피에르의 물리학 지도 학생이었던 폴 랑주뱅이 불륜관계에 있다는 소문이 나돌았던 것이다. 그들은 가까운 친구 사이였고 그들의 학문적인 교감은 로맨스로 보일 수도 있었다. 이 둘 사이에 왕래되었던 서신이 신문에 공개되었고 랑주뱅의 부인은 네 아이를 보호하기 위해 법적인 절차를 밟기 시작했다.

프랑스 언론의 경멸과 모욕에도 불구하고 마리는 남편의 명성에 누를 끼친 것에 가장 분노했다. 가까운 친구들은 그녀와 그녀의 딸들에게 세상이 또 다른 가십에 관심을 돌릴 때까지 잠시나마 피해 있기를 권했다. 흥미로운 사실은 마리와 랑주뱅이 그 후에도 친구로 남았다는 것이다.

이 유명한 스캔들 속에서도 퀴리 부인은 두 번째 노벨상을 수상하게 되었다. 이번에는 라듐과 폴로늄에 대한 연구로, 노벨 화학상이었다. 어떤 사람들은 그녀가 두 번째 노벨상을 받은 것이 본질적으로 단일한 업적 때문인지 아닌지 의문을 제기하기도 했지만, 화학자들은 그녀의 업적이 원소가 변화한다는 사실을 밝힌 최초의 것임을 말하며 높이 평가했다.

첫 번째 노벨상은 방사능 현상에 대한 연구로 받은 것이었고, 두 번째 노벨상은 화학 원소인 폴로늄과 라듐의 발견에 대한 것이었다. 특히 두 번째 노벨상은 그녀만의 업적이며, 예상할 수 있는 바대로 그녀는 두 번이나 이와 같은 큰 상을 수상한 최초의 과학자가 되었다. 퀴리 부인은 1911년 12월 노벨상 수상 수락 연설을 하기 위해 스톡홀름으로 향했다.

전시의 노력

얼마 후 파리대학과 파스퇴르 연구소가 함께 힘을 합쳐 라듐과 라듐의 의학적 활용을 연구하기 위한 전문 기관을 파리에 설립했다. 퀴리는 이 라듐 연구소의 소장이 되었다. 그러나 연구소가 자리를 잡자마자 제1차 세계대전이 발발했고, 프랑스 정부는 퀴리에게 그녀의 라듐을 감출 것을 요구했다. 라듐이 잘못된 사람들의 손에 들어가 파괴적인 목적으로 사용될 것을 걱정했던 것이다. 퀴리는 1g의 라듐이 든 22킬로그램짜리 납 케이스를 들고 보르도 지방까지 기차를 타고 가서 전쟁 기간 동안 은행 금고에 저장해두었다.

연구를 계속할 수 없었지만 그녀는 한가하게 시간을 보내지 않았다. 마리는 전장에서 부상당한 병사들에게서 신속하게 탄환이나 유산탄의 파편을 제거하는 수술을 가능하도록 하는 데 사용될 방사선 장치를 고안하는 데 전념했다. 그녀는 자금과 운송수단을 모으기 위해 돌아다녔고 전쟁이 끝날 즈음 20개의 이동식 엑스레이 장비를 갖출 수 있었다. 그녀는 당시 열여덟 살이었던 딸 아이린의 도움을 받아 수백 명의 의사와 간호병에게 장비의 사용법을 교육했고 200개 이상의 X선 클리닉을 설립했다. 그 결과 백만 명 이상의 군인들이 혜택을 보게 되었다.

전쟁이 끝난 뒤 라듐 연구소가 다시 문을 열었고, 퀴리 부인의 지휘 아래 최고의 연구기관이 탄생했다. 비록 연구 설비들이 미국적인 기준에 비할 때 뛰어나지는 않았지만 말이다. 그녀는 죽을 때까지

이 연구소의 소장으로 근무했다. 암 치료에 라듐을 이용하는 사례가 늘어나고 매우 성공적인 결과를 거두게 되자, 많은 사람들이 그녀에게 라듐 샘플을 부탁했다. 이 라듐 샘플들은 그녀가 어렵게 모은 것들이지만 그녀는 어떠한 부탁도 거절하지 않았다.

얼마 후 라듐 재고량이 줄어들어 얼마 남지 않게 되었지만 그녀는 라듐을 더 살 만큼의 충분한 돈이 없었다. 라듐을 구입하는 데는 1g에 약 십만 달러 정도의 돈이 필요했다. 미국인 저널리스트 마리 말로니는 퀴리가 곤경에 처했다는 소식을 전해 듣게 되었는데 그녀가 유일한 라듐의 발견자라는 사실을 알고 충격을 받았다. 그런데 미국 전역의 연구소에는 50g 이상의 라듐이 보관되어 있었다. 말로니는 그녀에게 1g의 라듐을 공급하기 위한 캠페인을 벌였다.

1921년에 퀴리는 워렌 하딩 대통령으로부터 직접 '선물'을 받기 위해 미국으로 건너갔다. 기부를 받은 뒤 몇 주 동안 리셉션과 축하 행사가 계속되었고 그녀는 예일 대학과 콜롬비아 대학에서 명예박사 학위를 수여받기도 했다. 그러나 불행하게도 그녀의 건강이 악화되어 예정보다 빨리 방문 일정을 마쳐야 했다.

다시 연구를 할 수 있도록 건강을 회복한 뒤에는 파리의 라듐 연구소를 위해 강연을 계속하고 돈을 모아 과학자들을 모집했다. 1929년에 그녀는 바르샤바에 세워진 라듐 연구소에 필요한 1g의 라듐을 추가적으로 모으기 위해 미국을 한 번 더 방문했다. 이즈음 방사능 노출이 위험하다는 사실이 명백하게 밝혀졌다. 시계의 다이얼들이 빛을 내게 하기 위해서 라듐으로 색을 입히는 일을 하던 여자들과 마찬가지로 엑스레이 연구자들과 라듐을 이용하여 연구하는 과학자들의 건강이 위태롭게 되었다.

암으로 사망

퀴리의 건강은 계속 나빠졌다. 백내장 수술을 몇 번 했지만 실제로는 거의 장님에 가까웠다. 귀에서는 계속해서 윙윙거리는 소리가 들렸고 이유를 알 수 없는 고열에 시달렸다. 너무나도 쇠약해진 그녀는 1934년 7월 4일, 그녀의 딸 이브가 지켜보는 가운데 백혈병으로 세상을 떠났다. 이 병은 수년 동안 방사능에 노출되었기 때문에 발병한 것이었다. 이때 마리 퀴리의 나이는 66세였다.

쏘에 위치한 공동묘지에 있는 남편의 관 위에 마리의 관이 놓여진 뒤, 언니 브로냐와 남동생 조셉은 조국 폴란드로부터 가져온 한 줌의 흙을 그녀의 무덤 위에 뿌렸다.

퀴리 부인은 사망 후 또 다른 의미의 선구자가 되었다. 1995년 프랑수아 미테랑 프랑스 대통령은 파리의 판테온에 그녀의 유물을 재매장하도록 했다. 그녀는 그녀 자신의 실력만으로 이런 영예를 수여받은 최초의 여성이 되었다.

슬프게도 그녀는 그녀의 딸 아이린 졸리오-퀴리와 사위 프레데릭 졸리오-퀴리가 인공방사선^{artificial radiation}의 발견으로 노벨 화학상을 수여받는 것을 보지 못하고

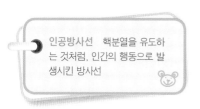

인공방사선 핵분열을 유도하는 것처럼, 인간의 행동으로 발생시킨 방사선

이 세상을 떠났다. 퀴리 부인은 자연적인 방사성 원소를 연구한 반면 졸리오-퀴리 부부는 방사성 동위원소를 인위적으로 만들어내는 방법을 연구했다. 이 수상 소식은 퀴리가 사망한 지 바로 한 달 뒤에 발표되었다. 오늘날 생화학자들로부터 광물학자에 이르기까지 여러 과학자들에게 있어 인공방사선의 가치는 대단히 크다.

작고 부끄러움이 많은 폴란드 이민 소녀 마냐 스클로도프스카가 똑똑하고 긍지 높은, 헌신적이고 선구적인 연구자이자 박사인 마리 퀴리 부인으로 세상에 알려지게 한 그녀의 업적은 오늘날까지 계속 이어지고 있다. 방사능 치료법으로 완쾌한 모든 사람들은 마리 퀴리의 덕을 보고 있는 것이다. 엑스레이로 부러신 뼈나 충치를 찾아내는 것이 가능해진 것도 모두 그녀의 발견 덕분이다. 에너지를 생산하는 원자력발전소는 물론 핵무기까지도 그녀의 연구의 산물이라고 말할 수 있다(흥미롭게도, 노벨 물리학상을 공동으로 수상한 뒤 지연된 수상 수락 연설에서 피에르는 이미 방사능과 원자력이 위험하게 사용될 여지가 있음을 경고했다).

마리 퀴리는 지식 그 자체를 위해 과학을 진보시키려고 힘썼다. 비록 방사능 때문에 사망했지만 그녀는 방사능에는 그 위험보다 훨씬 더 큰 이로움이 있을 것이라고 믿었다. 백년이 흐른 지금도 사회는 그녀의 연구 혜택을 누리고 있다.

1935년 노벨 화학상

1935년 아이린 졸리오-퀴리와 프레드릭 졸리오-퀴리는 새로운 방사성 원소를 합성함으로써 노벨 화학상을 수상했다. 이때 이미 방사능에 대한 연구로 앙리 베커렐, 마리 퀴리, 피에르 퀴리(1903), 어니스트 러더포드(1908), 마리 퀴리(1911), 프레드릭 소디(1922)가 노벨상을 수상한 바 있었다.

그들이 이 현상을 연구함으로써 사람들은 암을 치료하기 위한 새로운 방법을 개발할 수 있었으며, 지구의 최소 나이를 측정하는 방법을 개발할 수 있었고, 원자의 구조와 내부 에너지에 대해 이해할 수 있었다. 연구를 통해 라듐에서 두 개, 토륨에서 한 개, 이렇게 세 개의 자연발생적인 방사성붕괴계열이 알려지게 되었는데, 이 계열에 의해 40개 이상의 자연 방사성 원소를 밝힐 수 있었다. 이로써 방사능은 진정으로 인기 있는 주제가 되었다.

방사성 원소는 자연발생적 핵붕괴를 통해 형성된다. 졸리오-퀴리 연구팀은 이와 다르게 외부적으로 자극을 주어 한 원소에서 다른 원소로 변형시키는 데 성공했다. 변형은 양전하를 띤 헬륨(He) 원자로 구성된 알파 미립자와 다른 원자의 원자핵이 충돌하며 발생한다.

그러나 원자핵은 너무 작아서 외부적 자극 없이 충돌이 일어날 확률은 희박하다. 졸리오-퀴리 연구팀은 마리 퀴리가 발견한 폴로늄(Po)의 알파 미립자와 알루미늄(Al)의 원자핵을 충돌시켰다. 폴로늄이 이 실험에 적합한 이유는 매우 불안정해서 빠른 속도로 알파 미립자를 다량방사하여 성공적으로 충돌이 일어날 확률이 높아지기 때문이다.

충돌 이후 알루미늄(Al) 자체도 복사선을 방출하기 시작하는데, 이것 또한 방사성이 있는 것으로 밝혀졌다. 분석을 통해 이것이 인(P)의 방사성 동위원소로 변형하게 된다는 것이 밝혀졌다. 그들은 또한 붕소(B)를 방사성 질소(N)로 변형시키고, 마그네슘(Mg)을 방사성 규소(Si)와 방사성 알루미늄으로 변형시키는 데 성공했다. 그들이 만들어낸 방사성 원소들은 이후에 자연적으로 붕괴했다.

　인공 방사능은 실제적으로 감마선을 얻는 방법, 생화학적 경로 내에서의 방사성 탐침, 그리고 암의 치료에 이용된다. 한 원소를 다른 원소로 인공적으로 변형시키는 것이 가능하게 한 그들의 발견은 순수 과학자들과 물리학자들은 물론 모든 사람들에게 도움이 되는 것이었다.

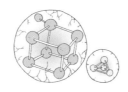

연 대 기

1867	마냐 스클로도프스카, 폴란드 바르샤바에서 11월 7일 출생
1886	가정교사로 일함
1891	소르본 대학에서 공부하기 위해 파리로 이주
1893	물리학 학위 수석으로 취득
1894	수리학 학위 차석으로 취득
1895	피에르 퀴리의 실험실 조수가 됨
1896	방사능 연구 시작
1898	과학아카데미에 논문 발표. 폴로늄과 라듐 발견을 발표함
1902	순수 라듐을 증류해내고 원자량을 측정함
1903	물리학 박사학위 취득. 앙리 베커렐이 발견한 방사능 현상에 대한 뛰어난 연구를 인정받아 피에르와 마리 퀴리가 각각 노벨 물리학상의 4분의 1씩 수상. 앙리 베커렐은 그 해 노벨 물리학상의 절반 수상

1904	《방사성 물질에 대한 연구》 출간
1906	피에르 사망. 소르본 대학에서 여성 최초로 강의
1908	소르본 대학 최초의 여교수가 됨
1910	금속 라듐 분리
1911	국제 표준을 위해 라듐 샘플을 제공. 라듐과 폴로늄 원소의 분리기술 및 라듐과 라듐화합물 에 대한 연구 성과를 인정받아 노벨 화학상을 수상
1912	파리의 라듐 연구소의 소장으로 취임
1914~18	프랑스 군대를 위한 이동 엑스레이 장비를 조직하고 기술자들을 교육함
1934	딸 아이린과 사위 프레데릭이 인공 방사능을 발견
1934	7월 4일 백혈병으로 사망

"
최초의 실용 무선전신기를
발명한 굴리엘모 마르코니
"

Chapter 3

인류의 생활을 바꾼 마법사,

굴리엘모 마르코니

다 보인다.
다 보여~

Guglielmo Marconi
(1874~1937)

최초의 대서양 횡단 무선송신

오늘날에는 눈 깜짝할 사이에 장거리 통신이 가능하다. 사람들은 휴대전화를 사용해 지구상의 거의 모든 곳에 전화를 걸어 볼 수 있으며 중동지역에서 일어난 전쟁을 안방에 앉아 TV를 통해 실시간으로 볼 수도 있다. 19세기 이전만 하더라도 눈에 보이는 것보다 먼 거리에서 의사소통을 할 수 있는 유일한 방법은 사람이 직접 가서 전달하는 것밖에 없었다. 1837년 미국의 사무엘 모스가 글자와 숫자를 의미하는 짧고 긴 소리를 내는 전자석을 사용해 전신기를 발명했다. 그 후 모스는 그 소리를 점(·)과 긴 선(-)으로 종이 위에 찍어 표기했다. 모스 부호로 된 메시지는 1858년 이후에는 해저로 연결된 전선을 통해 대서양 건너편까지 보낼 수가 있었다. 음성을 송신할 수 있는 최초의 전화 시스템은 1877년에 만들어졌고, 1883년에 이르자 전화로 도시들 사이가 연결되었지만, 전화들을 직접 연결하는 전화선이 반드시 필요했다. 1980년대 초까지 휴대폰은 등장하지도 못했다.

여기 한 남자가 거의 100년 전부터 전선 없이 전 세계를 연결하는 꿈을 갖고 있었다. 그가 사용하고 적용한 원리는 그 시대의 과학자들 사이에서 광범위하게 연구되고 있었지만, 그가 사용하기 이전에는 누구도 그 지식들을 현실에 실행시키지 못했다. 그가 바로 이탈리아의 물리학자 굴리엘모 마르코니이다. 마르코니의 업적은 선박과 항공기를 육지로 인도해 주고, TV와 라디오 radio 신호를 우주로 보냈다가 다시 받을

> 라디오 전선 없이 전자기파를 사용하여 소리를 보내고 받는 방법

수 있도록 해 주어 오늘날의 지구를 '무선통신의 세계'로 만들어 주었다.
눈에 보이지 않는 파장들이 지금도 우리 지구를 둘러싸고 있다.

물리학에 대한 이른 관심

굴리엘모 마르코니는 1874년 4월 25일, 기세페 마르코니와 그의 아일랜드인 아내 애니 제임슨 사이에서 태어났다. 애니는 기세페의 두 번째 부인이었고, 첫째 부인은 아들 뤼기를 낳다가 사망했다. 애니와 기세페 사이에는 큰 아들 뤼기뿐 아니라 9살 된 아들 알폰소도 있었다. 마르코니 가는 이탈리아의 볼로냐에 있는 집 이외에도 폰테치오에서 17km 정도 떨어진 곳에 '빌라 그리폰'이라는 여름 별장도 가지고 있었다. 기세페는 빈틈없는 사업가이자 지주로, 소유한 땅을 소작농에게 빌려 주고 근처에서 소작을 관리하며 지냈다. 겨울철에 볼로냐의 추위를 견디지 못하는 애니의 예민한 체질 때문에 그녀와 아들들은 정기적으로 이사를 했다. 때때로 겨울을 애니의 언니와 그녀의 가족들이 살고 있는 투스카니의 서쪽 끝에 있는 레그혼에서 보냈다. 굴리엘모는 사립학교에 다녔고, 가정교사를 두고 있었지만, 그다지 성실한 학생도, 인기 있는 학생도 아니었다. 1887년 그는 레그혼 기술학교에 들어가 과학이라는 학문을 접하게 되었는

데, 바로 그곳에서 물리학과 사랑에 빠졌다.

그의 어머니는 아들을 위해 물리학 가정교사를 고용해서 그의 취미를 북돋아 주고 지원했다. 굴리엘모는 집에서 실험을 시작했고, 결국 할아버지가 누에를 키우던 데 쓰던 낡은 기구들과 그 외의 임시방편적인 도구들을 사용해 빌라 그리폰의 다락방에 자신의 실험실을 차렸다. 소문에 의하면, 그가 사촌여동생의 재봉틀을 고기를 통째로 구울 때 사용하는 회전기로 개조했었다고도 한다. 아마도 그녀가 너무 울어대서 굴리엘모는 그 기계를 다시 재봉틀로 만들어 놓을 수밖에 없었을 것이다. 불행하게도 물리학에 대한 그의 열정은 다른 교과목 성적을 형편없게 만들어서 그는 학위를 받지 못했다. 기세페는 매우 언짢았지만, 애니는 남편을 잘 구슬려 아들이 탐구를 지속할 수 있도록 도왔다. 그녀는 또한, 성적이 나쁜 굴리엘모가 절대 들어갈 수 없었던 볼로냐 대학의 교수 아우구스토 리기에게 굴리엘모를 소개시켰다. 리기 교수는 이 신진 과학자의 열정에 감명받아 자신의 연구실과 대학 도서관을 사용할 수 있게 허락해 주었다. 때때로 굴리엘모는 이론을 이해거나 까다로운 실험결과를 설명하는 데 교수의 도움을 받을 수 있었다.

굴리엘모는 특히 전기학에 관심이 있었다. 그는 1751년 발간된 벤자민 프랭클린의 《전기학의 실험과 관찰》이라는 책과 런던 왕립학회에서 열린 마이클 패러데이의 강의에 매료되었다. 더 배우기 위해서 도서관을 뒤졌고, 읽어 본 수많은 실험을 따라해 보려고 시도하여 곧 원래의 실험들을 실행할 수 있게 되었다. 그가 너무 연구에 몰두한 나머지 어머니가 다락방의 실험실로 식사를 담은 쟁반을 직접 들고 오지 않는 이상 식사도 거를 정도였다. 그의 아버지는 아들이 하는 일이 어리석고 시시한 일이라고 못마땅하게 여겼다. 기세페는 그때 이미 19세였던 굴리엘모가 자신의 미래와 직업에 대해 계획을 세워야 할 때라고 생각했다. 그래서 굴리엘모가 연구에 사용될 실험기구와 장비를 사기 위해 돈을 필요로 하자 불만스러워 했다. 그러나 결국에는 애니의 설득에 넘어가 허락하곤 했다.

무선전신기의 발명

1894년 굴리엘모는 무선전신에 대한 실험을 시작했다. 그는 리기 교수가 그해 사망한 독일의 물리학자 하인리히 헤르츠(1857~1894)의 연구를 요약해서 저술한 논문을 읽었다. 헤르츠는 진동전기회로를 발생시키는 기구를 만들었다. 회로에서 전기는 한쪽 금속 전극에서 가까운 다른 쪽 금속 전극으로 건너뛰게 된다. 두 전극 사이에 불꽃 방전스파크이 만들어지는 과정에서 전기는 빠른 속도(1초에 수천 번)로 그 사이를 계속 왔다 갔다 한다. 수십 년 전, 스코틀랜드의 물리학자 제임스 클락 맥스웰은 진동하는 전류가 전기 방전의 결과로 매우 긴 전자기파electromagnetic wave를 발생시킨다는 사실을 수학적으로 제안한 바 있었다. 헤르츠는 전자기파의 존재를 탐지하기 위한 기계를 고안했다. 탐지기는 단순히 한 가닥의 금속선으로 된 고리에 작은 틈을 낸 것이었다. 송신기transmitter 내부의 진동 스파크에 의해 발생된 복사선은 몇 미터 떨어진 금속 고리에서의 스파크를 유도했다. 헤르츠는 이 파동의 파장^{wavelengths}이 61cm보다 약간 더 길고, 전기장과 자기장을 둘 다 가지고 있음을 증명했다. 리기가 마르코니에게 헤르츠파에 대해 너무 흥분하지 말라고 조언했으나 마르코니는 놀라지 않을 수 없었다. 그리고 이 파동이 전신이나 전화 신호를 보내는 데에서 전선을 없애 줄 수 있으리라 믿었다. 사실 그는, 이것이 아직도 사용되지 않고 있다는 사실을 믿을 수가 없었다.

그의 다락방 실험실에서 마르코니는 구리판과 철사 같은 금속조각을 모아 헤르츠의 실험을 모방하려고 시도했다. 그는 고전압 불꽃 방전을 일으키기 위해 유도코일을 만들었다. 송신기 뒤에 굽은 금속조각을 넣은 것을 포함해 몇 가지 다른 방법을 시도해 보기도 했다. 구리선으로 된 고리 수신기^{receiver}를 대신해 금속가루로 찬 유리관으로 두 전극을 떨어뜨려둔 코히러^{coherer}검파기를 사용했다. 송신기에서 방출된 전자기파가 코히러에 도

전자기파 공간으로 에너지를 전달하는 전기장이나 자기장의 간섭

송신기 공간을 통해 퍼져 나가 수신기에 잡히도록 라디오파를 발생하는 장치

파장 파동에서 마루와 마루, 혹은 골과 골 사이의 거리

수신기 전기학에서 전자기파를 소리나 그림으로 바꾸는 장치

코히러 검파기, 라디오파가 부딪히면 유리관 안에 든 금속가루가 서로 들러붙어서 전류가 흐르게 되어 있는 라디오파 탐지 장치

달하면, 유리관 내부의 금속 가루들이 서로 들러붙어서 응집해 전류가 흐를 수 있었다. 마르코니는 이 코히러를 전자벨과 연결하여 전류가 흐르면 벨이 울리도록 장치했다. 그다음으로는 전신기의 버튼

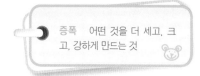

증폭 어떤 것을 더 세고, 크고, 강하게 만드는 것

을 송신기에 연결했다. 버튼을 누르면 유도 코일에 전류가 흘러 증폭^{amplify}되고, 증폭된 전류가 금속구에 도달해 벌어진 틈 사이에 진동 스파크가 발생된다. 스파크는 공기를 통해 모든 방향으로 퍼져 나가는 전자기 파동을 발생시키고, 파동이 코히러에 닿으면 벨이 울렸다. 성공이었다. 마르코니는 전율했다. 그는 신호가 그의 다락방 실험실을 가로지르는 길이를 넘어 전송될 때까지 계속해서 이것저것 시도해 보았다. 좀 더 큰 안테나를 써 보기도 하고 신호의 길이를 확장시키기 위해 금속구에 금속판을 붙여 보기도 했다. 그러던 1895년의 어느 밤중에는 갑자기 성공하는 바람에 그의 어머니를 깨우기도 했다. 애니는 아들의 발견이 얼마나 중요한지는 잘 몰랐지만 아들의 거친 열정과 흥분은 너무나 잘 알고 있었다. 그러나 기세페는 쉽게 아들이 하는 일을 수긍하려 들지 않았다. 그는 여전히 자신의 아들이 너무나 많은 시간을 실험실에 틀어박혀서 허비한다고 생각할 뿐이었다.

마르코니는 디코히러를 만들기 위해 코히러를 개량했다. 코히러는 신호가 지나간 후에는 금속가루가 들러붙는다. 들러붙은 금속가루를 떨어뜨리기 위해 유리관을 일부러 두드려 줘야 했다. 마르코니는 이 장비를 작은 전자기로 작동되는 망치를 써서 향상시켰다. 작은 망치는 한 번 전류가 순환해서 지나가면 유리관의 옆면을 살짝 쳐 주었다. 이제는 그가 더 이상 방 건너편으로 뛰어다니지 않아도 되게 되었으며 멈추지 않고 계속해서 신호들을 보낼 수 있게 된 것이었다. 그는 또한 튜브 안의 금속가루 혼합물을 대상으로도 실험을 해 보았다. 곧 그는 95퍼센트의 니켈과 5퍼센트의 은을 배합할 때 효율이 가장 좋다는 것을 알아냈다.

계속해서 개발한 결과 마르코니는 자신의 수신기를 집 밖으로 옮길 수 있었다. 벨은 집 밖에서도 여전히 작동되었다. 마르코니는 여태껏 네 개의 금속구를 사용했었는데 그중 두 개는 철판으로 바꾸었고 수신기에 철판을 써 보았으며 금속판 중의 하나는 지면으로부터 높이 떨어뜨려 놓았다. 또한 그는 관 모양을 다르게 만들어 보았으며, 코히러의 위치와 안테나의 위치도 바꾸어 보았다. 1895년 9월 그는 신호를 805m 성노까지 보낼 수 있있다. 그는 인테나판과 자신의 송신기를 구리선으로 연결했으며 송신기에서 나온 구리선의 끝은 땅에 접지시켰다. 그런 다음 이것을 수신기에도 똑같이 하자 신호가 도달하는 거리가 1.6km가 넘게 증대되었다. 어느 순간 그는 신호가 산을 통과한다는 생각이 들었다. 이것을 실험하기 위해 그는 산 넘어 2.4km 거리에 수신기를 놔두고서 형인 알폰소에게 지켜봐 달라고 했다. 알폰소가 벨이 울리는 소리를 들으면 바로 총을 쏘아서 알려 주기로 했다. 마르코니가 모스 키를 두드렸을 때, 그는 바로 그의 형이 쏜 총소리를 들을 수 있었다. 신호는 산 너머까지 갔던 것이다.

이제는 그의 아버지도 관심을 가지게 되었다. 그러나 이제는 아버지가 해줄 수 있는 수준을 넘어 버렸다. 더 큰 송신기를 만들기 위해서는 더 많은 자금이 필요했다. 그들은 이탈리아 우체국에 무선전신에 관한 마르코니의 성공을 적은 편지를 보냈다. 그러나 정부는 그 중요성을 알아채지 못했으며, 제대로 교육받지 못한 이 21살의 아마추어에게 믿음을 가지지도 못했던 것 같다. 정부로부터 대답이 없자 1896년 초에 굴리엘모와 애니는, 애니의 친척들로부터 자금보조를 받을 수 있으리라는 기대를 가지고 영국으로 건너갔다. 애니의 조카 중 한 명이 기술자여서 그의 도움으로 마르코니는 무선전신에 대한 자신의 첫 번째 특허를 등록할 수 있었다. 마르코니는 또한 영국체신부의 기사장인 윌리엄 프리스와 만날 수도 있었다. 프리스는 초기 전신기술자들 중의 한 명이었으며 무선전신을 1.6km보다 멀리 보낼 수 있다는 사실에 놀라며 마르코니와 몹시 이야기하고 싶어 했다.

프리스에게 보인 마르코니의 시범은 인상적이었다. 곧이어 많은 대중들 앞에서도 공공연히 시범을 보였다. 마르코니는 벨 대신에 모스 부호 찍는 기계를 썼다. 프리스는 또한 조지 스티븐스 캠프를 마르코니의 조수로 추천했는데, 캠프는 훗날 마르코니가 죽을 때까지 조수이자 친구가 되어 주었다. 마르코니는 계속해서 안테나판들의 높이와 각을 실험하며 장치를 향상시켜 나갔다. 1897년 3월 그는 6.4km 떨어진 곳에 신호를 보냈다. 1897년 5월에는 영국 본토에서 영국 해협의 한 섬까지 거의 16km나 떨어진 곳까지 신호를 보냈다.

이때 즈음 이탈리아는 예전 마르코니의 지원금 요청을 무시한 것이 실수였음을 깨닫게 되었다. 이탈리아 정부는 시범을 보여 달라며 마르코니를 초청했다. 그리고 1897년 7월에는 이탈리아 해군함에서 최초로 배와 육지 사이에 신호가 보내졌다. 이것은 놀라운 일이었다. 왜냐하면 사람들은 지구의 곡선이 시야 밖 수평선 아래에 있는 배로부터 신호를 받는 것을 방해할 것이라고 생각했기 때문이다. 그들은 그 경우에 전자기파가 우주로 가버리거나 지구로 흡수되어 수평선을 넘어 오지 못할 것이라고 가정했었다. 이때 당시 마르코니는 이탈리아에서 3년간의 병역의무를 져야 하는 나이였다. 그러나 이탈리아의 국왕은 마르코니가 그의 흥미진진한 연구를 그만두지 않도록 런던에 있는 이탈리아 대사관에서 연구하는 것으로 그의 병역의무를 대체시켰다. 군복무 당시 마르코니는 익명으로 그의 월급을 런던에 있는 이탈리아 병원에 기부했다.

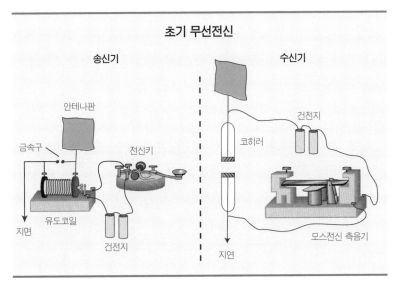

초기 무선전신 송신기와 수신기 모식도

무선전신기의 유용성

1897년에 마르코니는 영국 주변에 영구적인 무선기지국을 설립하는 것을 목적으로 하는 무선전신회사(후에 마르코니 무선전신회사로 개명)를 설립함으로써 그의 과학적 성공을 상업적 성공으로 바꾸었다. 다음 해에 마르코니는 킹스타운 레가타 요트 경기에 관한 새로운 소식들을 요트를 따라다니는 예인선에서 육지의 신문사로 보내었고 신문사에서는 이것을 보도했다. 더블린에 있던 영국의 빅토리아 여왕은 그 결과를 매우 듣고 싶어 했다. 이러한 보도는 라디오 기술에 대한 일반 대중들의 관심도 끌었다. 1897년 웨일스의 왕자(차후의 킹 에드워드 7세)가 무릎 부상으로 왕실 요트의 선상에 머물러 있어야 했을 때, 마르코니는 왕실 요트와 빅토리아 여왕이 있는 오스본의 집 사이에 교신을 할 수 있는 장비를 설치해 달라는 요청을 받았다. 16일이 지난 후 왕자와 그의 어머니는 아무런 문제없이 서로 150건이 넘는 메시지를 주고받았다. 1899년 3월에는 영국의 도버에서 영국 해협을 가로질러 프랑스의 위머로까지 51.5km의 거리에 달하는 최초의 국제적인 무선신호가 전송되었다. 그리고 그 다음 해, 마르코니는 아메리카 컵 요트 경기를 뉴욕에 보도했다. 이미 대중들은 마르코니를 마술사라고 생각할 정도였다. 더군다나 전함에서 한 일꾼이 물속으로 떨어졌을 때, 그가 무선전신으로 긴급상황을 구조보트에 알려 구조하게 하는 사건이 있은 후 대중들에게 있어 영웅이 되었다.

비록 지금은 지속적으로 97km보다 먼 거리까지 신호를 보낼 수 있지만, 마르코니는 곧 전파간섭 때문에 어려움에 처하게 되었다. 무선전신이 상업적으로도 성공할 수 있기 위해서는 특정 기지국에서 주고받는 주파수의 범위를 제한할 수 있어야 했다. 이것이 가능하지 않을 경우, 하나의 라디오 전신을 받는다는 것은 텔레비전의 한 채널에서 동시에 상영되어 알아볼 수 없는 수백 개의 쇼 중에서

하나의 쇼를 시청하려고 하는 것만큼이나 어려운 일이었다. 궁리한 결과, 마르코니는 다른 주파수대로 선별적으로 전환할 수 있는 기계 장치를 개발하게 되었다. 이제 그의 다음 목표는 무선신호를 대서양을 가로질러 보내는 것이 되었다.

대서양 횡단 송신의 성공

마르코니는 여태껏 세웠던 것들보다 100배는 더 강력한 송신 기지국을 영국 콘월의 폴두 해변 절벽에 세웠다. 한편 수신 안테나는 그곳에서 2,900km 떨어진 대서양 건너편의 매사추세츠의 코드 곶에 세웠다. 그만한 거리에서는 두 지점 사이를 잇는 직선에서 지구의 곡면까지의 높이가 거의 80km에 달하게 된다. 그래서 대부분의 과학자들은 무선신호가 이러한 장벽을 뛰어 넘지 못할 것이라고 믿었다. 그 후 안테나판을 포함한 특별히 고안된 12m 높이의 장치까지 세웠으나, 1901년 9월에는 강풍이 불어 폴두 해변의 설치물들을 부숴버렸다. 폴두 해변의 것을 좀더 단순한 디자인으로 새로 설치했으나, 이번에는 11월에 태풍이 불어와 코드 곶의 안테나를 날려 버렸다. 좌절스러운 일들이 계속해서 생겼으나 마르코니는 묵묵히 계속할 뿐이었다. 마르코니는 그의 수신 장비를 캐나다 동남쪽 해안의 뉴펀들랜드로 옮겼다. 그해 12월이 되어서야 비로소 첫 번째 시험 송신을 해볼 준비가 되었다. 날씨의 방해도 있었고, 적어도 하나 이상의 연과 기구가 바다로 날아가 버렸지만 마르코니는 결국 성공했다. 연 꼭대기에 단 안테나가 122m 높이까지 올라가자 다소 약하기는 했지만 모스 부호에서 문자 S를 뜻하는 세 개의 분명한 점 신호가 3,380km 떨어진 대서양 건너편에서 수신되었던 것이다! 이처럼 마르코니는 그의 가장 유명한 업적인 최초의 대서양 횡단 무선 통신을 성공적으로 실현해내었다. 이 실험 이후 마르코니는 견고하고 영구적인 안테나가 필요하다고 생각했다. 그러나 운이 나쁘게도 뉴펀들랜드의 지역전신국에서는 마르코니를 시기했으며 마르코니의 새로운 무선 시스템 때문에 자신들의 유선사업을 잃게 될까 봐 두려워했다. 그들은 그 지역에서의 모든 전신에 관한 권리가 자신들에게 있고, 자신들의 권리를 침해했다는 이유로 마르코니를 고소하겠다고 협박했다. 그래서 마르코니는 그곳을 떠나게 되었다.

노바스코티아 브레이튼 섬의 글레이스 만에 다른 기지국이 설치되었다. 영국과 노바스코티아를 오가며 계속해서 여행을 하고, 계획을 세우고 장비를 모으고 직원을 구하던 중, 마르코니는 값을 매길 수 없을 정도로 귀중한 데이터를 수집하게 되었다. 그는 신호가 밤에 더 선명해진다는 것을 알아냈다. 당시에는 그 이유가 밝혀지지 않았으나 후에 이것은 전리층 ^{ionosphere} 때문인 것으로 밝혀졌다. 1902년 12월, 지구의 곡선이 무선 전파의 방해가 될 수 없다는 것을 입증하듯이 선명한 신호들이 폴두로부터 글레이스 만으로 수신되었다. 과학자들은 훗날 전리층으로 불리는 대기권의 상층부가 지구의

전리층 지표에서 80km부터 483km까지에 이르는 대기권의 영역으로, 이온화된 기체들이 있어 라디오파를 아주 먼 거리까지 전파해 주는 것을 도움

굴곡에도 불구하고 신호들이 궤도를 벗어나지 않도록 해 주기 때문에 전파가 우주로 사라지지 않고 건너편으로 전달되는 것이라고 결론 내렸다. 전리층은 태양의 복사에너지로 충전된 가스 입자 층으로서 어떤 파동 신호든지 간에 전리층에 도달한 것을 반사시켜 지구로 되돌려 보낸다. 대서양을 가로지르는 신호들은 지구와 이 전리층 사이에서 힘을 잃기 전까지 끊임없이 앞으로 갔다 뒤로 갔다 하면서 튕기면서 진행하는 것이다. 낮 동안에는 이 이온화된 층의 밀도가 달라져서 밤만큼 반사율이 좋지 않다. 이것은 왜 밤에 더 신호가 멀리 가는지를 설명해 준다.

마르코니는 실험을 계속했고 끊기지 않는 선명한 신호를 받기 위해 장비를 향상시켰다. 1902년에 그는 코히러를 그가 발명한 자기검파기로 교체했다. 그의 기술자 중 한 명은 전파를 특별한 파장으로 변환해주는 복합조율장치를 발명하기도 했다. 1905년 마르코니는 수직이 아니라 수평방향 지향성 안테나판을 사용하기 시작했으며 이것은 수신을 대폭 향상시켰다.

그동안 마르코니는 1905년 브리트리스 오브라이언과 결혼하여 아들 하나와 딸 둘을 두지만 1924년에 이혼하게 되며 이혼 후 전처와 자식들은 그를 멀리하게 되었다.

1909년 무선전신 분야를 진보시킨 공적을 인정받아 마르코니는 노벨 물리학상을 수상하게 된다. 그는 이 영예를 독일 물리학자 칼 페르디난드 브라운과 함께했다. 사람들은 왜 마르코니가 함께 수상해야 하는지 의문스러워했지만, 두 사람은 곧 친구가 되었다.

다음 수십 년 동안 마르코니는 자신의 회사가 무선전신기술에 있어 지속적이고도 점진적인 발전을 하도록 만들었다. 대중들은 계속하여 놀라워했으며, 나중에는 그의 무선 시스템을 선호하기 시작했다. 마르코니는 시스템이 실용적이고 안정적임을 증명했으며 수많은 대중들은 그의 라디오 기술을 지지하게 되었다.

1904년에 최초의 배와 육지 사이의 교신 시스템이 커나드 증기선에 설치되었다. 1909년에는 정기 순항함이 대서양을 건너다 다른 배와 충돌해 심각한 손상을 입게 되었다. 그러나 다행히도 무선기사가 비상 배터리를 작동시키고 육지에 구조 무선을 보내었으며 무선신호가 침몰한 배가 어디 있는지를 가르쳐 주어 1,700명의 생명을 구할 수 있었다. 1912년 4월 15일, 빙산에 대한 무선 경고음이 있었음에도 불구하고 타이타닉호가 빙산과 충돌을 일으켜 1,500여 명의 여행객이 사망했다. 무선 구조 요청이 보내졌지만 가장 가까운 배는 무선기사가 일시적으로 휴가여서 이를 받지 못했다. 다른 배들은 그 시각에 다른 메시지를 수신하고 있어서 구조신호를 받지 못했다. 멀리 떨어진 한 배가 응답했으나 배가 도착했을 때는 너무 늦어서 수많은 사람이 희생되었다. 이러한 비극적인 사고가 있은 후, 거의 모든 배에는 라디오 장비가 설치되었으며 기지국에는 사람이 상주하게 되었다.

타이타닉호가 침몰한 해에 마르코니도 교통사고로 오른쪽 눈을 실명했으며, 그 후에는 유리로 된 의안을 해야 했다.

1차 세계대전 중 마르코니는 이탈리아 군대를 위한 기술고문으로

1920년대 메릴랜드에 설치된 무선안테나

서 일했다. 1916년에 인후염에 걸려 병원에 있는 동안, 그는 전기 신호 전송에 단파(파장이 대략 3m정도임) 사용을 실험해 보기 시작했다. 단파는 장파에서만큼 큰 안테나를 사용하지 않아도 됐으며 장파보다 방향을 유도하기도 더 쉬웠다. 1920년에 마르코니는 배를 한 척 사서 엘레트라라고 이름 지었다. 그는 이 배를 주택 겸 연구실로 쓸 수 있도록 꾸몄다.

1922년에 그의 회사는 새로운 무선시스템을 설치하기 시작했으며, 1927년에는 전 지구가 단파무선통신시스템으로 완전히 에워싸이게 되었다. 마르코니는 이때 겨우 52살이었다.

첫 번째 결혼이 실패한 후 마르코니는 1927년에 미망인인 마리아 크리스티나 베찌-스칼리를 두 번째 부인으로 맞이하게 되었다. 1930년에는 둘 사이에 딸이 태어났는데, 그의 요트 이름을 따라서 엘레트라라고 불렸다. 다음 십 년 동안 그는 이탈리아로 돌아와서 살게 되었는데 그동안 몇 번의 심장발작을 겪었다. 그럼에도 불구하고 그는 파장이 1cm도 안되는 마이크로파를 다시 찾아냄으로써 1930년대에 새로운 장을 개척하게 된다. 마이크로파는 전리층에서 아주 효율적으로 반사되기 때문에 신호를 먼 거리에 보내는 것이 용이하다. 마르코니는 접시모양의 안테나를 사용함으로써 마이크로파를 쉽게 수신할 수 있음을 보여 주었다. 또한 그는 이 파장을 이용하면 배들이 안개 속을 항해하는 데 있어서 매우 유용하다는 것을 보여 주었다. 후에 마이크로파는 먼 거리에 있는 물체의 위치나 현상들을 탐지하는 데 사용되는 레이더 개발의 기초가 되었다. 오늘날

레이더는 광범위하게 사용되고 있다. 예를 들면, 비행기나 배를 안전하게 항해하는 데뿐만 아니라 일기예보에 사용되기도 한다.

무선전신의 아버지

무선전신의 아버지인 마르코니는 1937년 7월 20일, 63세의 나이로 로마에서 심장발작을 원인으로 사망했다. 그의 장례는 이탈리아 정부의 국장으로 치러졌으며 그의 시신은 볼로냐에 묻혔다. 그의 사망 소식은 무선을 통해 세계에 알려졌으며 그를 애도하기 위해 2분간 전 세계의 무선통신이 침묵을 유지했다. 이것은 무선통신으로 세계를 하나로 엮은 사람에게 마땅한 애도의 표시였다.

마르코니는 노벨 물리학상뿐만 아니라 수많은 메달과 영예로 가득한 삶을 살았다. 1929년에는 이탈리아 정부로부터 후작의 지위도 받았다. 또한 영국과 러시아를 포함한 세계 여러 나라들로부터도 작위와 지위를 받았으며 영예스러운 박사학위도 받았다.

그의 독창성과 그의 유용한 발명품에 대한 이 모든 치하에도 불구하고 우리가 그의 기술을 현대적으로 응용하여 사용하는 모습에 더 놀라고 재밌어 할 것이다. 아마도 우리가 냉동피자를 데워먹거나 핸드폰으로 집에 전화해서 데리러 오라고 할 때 마이크로파를 사용한다는 것을 알면 깜짝 놀랄지도 모른다.

마르코니가 정식으로 과학교육을 받았던 것은 아니었다. 그는 대부분 스스로 연구하고 공부했으며 그의 초기의 실험들은 전부 그의 할아버지가 누에를 키우는 데 쓰던 작은 다락방에서 행해진 것이었다. 그는 자신이 궁극적으로 바라는 성공을 이루기 위해 수많은 실패와 실망을 견뎌내었다. 한번은 그가 딸에게 이렇게 말했었다.

"천재란, 이를테면, 끊임없이 응용하다 보면 얻는 선물이란다."

이 말은 그가 살아가면서 늘 하던 말이었다. 비록 그가 전자기방사선 같은 것을 발견한 최초의 사람은 아니지만, 그는 무선으로 통신을 하는 데 있어 전자기파를 어떻게 사용하는지를 가르쳐 준 최초의 인물이었다.

때때로 가장 심오한 과학적인 발견은 이론이나 기본연구가 아닌, 인간의 삶을 풍요롭게 하기 위해 자연현상을 어떻게 응용하는가를 찾는 일에서 이루어지기도 한다. 상상을 현실화시킨 마르코니의 투지 덕분에 지금의 우리는 보다 더 안전하고, 생산적이고, 흥미진진하고도 즐거운 세상에서 살 수 있게 되었다.

전자기파

　마르코니의 발명품들은 무선으로 신호를 보내는 데 있어 전자기파를 썼다. 전자기파란 어떤 것일까? 전기적으로 (+)인 양성자는 전기적으로 (−)인 전자를 끌어당긴다. 양성자를 둘러싼 공간에는 양성자의 당기는 힘이 미치는 공간이 있다. 전자가 그 공간 속 어느 곳에 들어서는 순간 양성자는 그 전자를 끌어당긴다. 만일 다른 양성자가 그 영역 안에 들어올 경우 서로 밀어내어 다른 양성자는 튕겨나갈 것이다. 전자와 양성자 사이 당기는 힘이 뻗은 방향을 연결해보면 그 사이의 힘을 선으로 묘사해 볼 수 있다. 만일 전자 한 개가 양성자의 힘의 공간 안에서 위아래로 이동할 경우 전자와 양성자 사이의 선도 물결치듯이 움직일 것이다. 예를 들면 두 사람이 줄을 들고 아래위로 흔들었을 때 둘 사이의 줄이 물결을 그리며 움직이는 것과 마찬가지의 원리이다. 공간적으로 일어나는 이러한 전자와 양성자 사이의 선의 진동을 전자기파라고 한다.

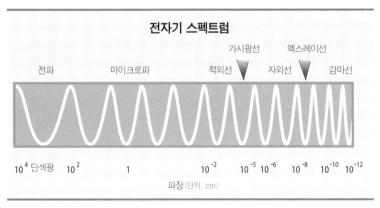

파장이 1nm보다 작은 것에서 1km보다 큰 것에 이르기까지 광범위하게 있는 전자기 스펙트럼

전자기파는 물이나 공기, 심지어 진공 속도 통과할 수 있는 에너지의 한 형태이다. 전자기파는 파장을 기준으로 측정할 수 있다. 파장이란 두 개의 다른 전자기파에 있어 마루 사이나 골 사이의 거리를 말하는 것으로 이것은 그 전자기파 안에 현재 있는 에너지양을 가르쳐준다. 전자가 더 빨리 진동할수록, 파장은 더 짧아지고, 그 전자기파는 더 많은 에너지를 가지게 된다. 주파수(일정 시간에 일정 지점을 통과하는 물결파)의 수가 올라가면 파장은 짧아지고 주파수가 내려가면 파장은 길어진다. 모든 전자기파는 빛의 속도로 이동한다.

연 대 기

1874	이탈리아 볼로냐에서 4월 25일 출생
1887	레그혼 기술학교 입학
1894	전자기파에 대한 실험 시작
1895	디코히러 발명. 빌라 그리폰에서 최초로 2.4km 신호 전송
1896	마르코니와 애니가 영국으로 건너감. 무선전신에 대한 첫 번째 특허 신청. 런던에서 대중적인 무선전신 시도 시행. 무선신호를 솔즈베리 평원에서 3.2km 넘게 전송
1897	19.3km 거리의 배와 육지 사이의 무선신호 전송. 무선전신회사 설립
1899	영국해협건너로 무선신호 전송
1900~12	몇 가지 새로운 개량된 무선기술 특허
1901	영국에서 캐나다까지 대서양 너머까지 무선 송신
1909	무선전신이 조난사고에서 1,700명 인명구조. 칼 페르디난도 브라운과 함께 노벨 물리학상 수상

1912	무선통신이 타이타닉호의 생존자들을 구조함
1913~18	1차 세계대전 당시와 그 후 이탈리아의 외교 임무를 맡음
1916	단파무선 실험을 시작함
1927	단파 빔 기지국이 지구를 순환
1929	이탈리아 정부로부터 후작 칭호를 받음
1932	접시형 안테나로 마이크로파를 인도. 마이크로파가 지평선 밑까지 닿음을 발견
1934	안개 속 항해에 마이크로파가 유용함을 증명
1935	레이더의 원리를 증명
1937	63세의 나이로 7월 20일 로마에서 사망

> "
> 1920년대 초 덥고 비좁은
> 실험실을 빌려
> 인슐린을 발견한
> 프레드릭 G. 밴팅경
> "

Chapter 4

인슐린 개발로 질병 치료의 기적을 낳은 과학자,

프레드릭 G. 밴팅

Sir Frederick G. Banting
(1891~1941)

인슐린을 발견하다

국제당뇨병협회는 체내에서 인슐린을 제대로 생산하지 못하거나 사용하지 못하여 당을 효과적으로 이용하지 못하는 질병인 당뇨병^{diabetes}을 앓는 인구가 전 세계적으로 2억 명에 달한다고 추정한다. 인슐린^{insulin}이 없으면, 혈류에 과도하게 많아진 포도당이 소변으로 배출된다. 그리고 몸이 필요한 에너지를 얻지 못하여 천천히 기아상태로 비참하게 죽음에 이르게 된다. 호르몬 주사는 몸에서 인슐린을 생산하지 못하는 당뇨병 희생자들을 위해 혈액 내의 당 수치 조절을 돕고 환자들이 실제로 정상적인 삶을 살 수 있도록 도와준다.

캐나다의 내과의사 프레드릭 밴팅은 당뇨병 치료제로 사용할 수 있는 인슐린을 발견하여 존경받았다. 가망이 없다며 모두가 치료를 포기해 버린 질병에 대해 연구한 그의 용기가 오늘날 수많은 당뇨병 환자에게 정상적이고 만족스런 삶을 살 수 있게 한 셈이다.

당뇨병 당을 세포 내로 흡수하는 능력을 상실해서 나타나는 병. 정상적으로 이자에서 생성되는 호르몬인 인슐린 부족으로 유발됨

인슐린 세포의 당 흡수에 필수적인 단백질 호르몬으로, 이자에서 생성됨

농장 소년, 군의관 되다

프레드릭 그랜트 밴팅은 윌리엄과 마가렛 밴팅의 아들로 온타리오 주 앨리스톤에서 1891년 11월 14일에 태어났다. 그는 다섯 명의 아이들 중 막내였고, 종교적인 집안에서 성장했다. 평범하고 운동을 좋아하는 학생이었던 그는 유년기에 농장 주위 강둑을 사촌과 말괄량이 친구 제인과 탐험하며 보냈다. 14세 되던 해, 그의 놀이친구였던 제인이 갑자기 중병에 걸렸다. 그녀는 종이 인형처럼 여위더니, 힘이 하나도 없어졌고, 당뇨병이라고 하는 이상한 병에 걸려 죽었다. 그 당시에는 몰랐지만, 이 잊을 수 없는 사건은 미래에 프레드가 선택하게 될 진로에 엄청난 영향을 주었다.

그는 1910년 지역 공립학교를 졸업한 후, 토론토에 소재한 빅토리아 대학에 진학했다. 프레드의 아버지는 막내아들이 목사가 되기를 꿈꾸었다. 부모님을 실망시키고 싶지 않았던 프레드는 신학을 전공하기로 결심했으나, 학교에 입학하여 자신이 진정 흥미를 느끼지 않는 것을 공부하느라 시간 낭비 중이라는 것을 알게 되자 죄책감을 느꼈다. 1912년 봄에 집으로 돌아온 그는 의학에 가장 큰 흥미를 느낀다고 부모님께 고백한 후 그해 가을 토론토 대학 의대생으로 등록했다. 의대생이 되자 행복해진 밴팅은 생활비용을 절약해 당시로서는 꽤 큰 금액인 57.50달러를 들여 현미경을 구입했다. 그는 시간이 날 때마다 현미경으로 자기 혈액을 관찰하고, 조직 준비 기술을 익혔으며, 실험실에서 실험하며 시간을 보냈다.

근처 소아 전문 병원의 외과 과장인 클라렌스 L. 스타 박사의 후견 하에 밴팅은 정형외과에서 골격 기형의 수술 교정을 전공하기로 결심했다. 1914년 1차 세계대전이 시작된 후 도시에 면허 있는 의사가 부족해졌다. 당시 자격 있는 의사가 아무도 없어서 밴팅이 편도 절제술을 시술할 수 있는 특별 허가를 받게 되었다. 의대생들은 교육과정이 단축되었고, 많은 이들이 군에 입대하여 애국심을 나타내고자 했다. 1916년 12월에 6개월 먼저 대학을 졸업한 밴팅은 즉시 캐나다 육군 의료단에 중위로 입대했다.

밴팅은 처음 영국으로 갔으나, 전방으로 가고 싶어 했다. 그는 곧 소원대로 프랑스로 보내졌다. 그곳에서 그는 많은 부상 군인들의 고통을 목격했고, 수많은 수술 경험을 쌓았다. 1918년에 밴팅은 유산탄 조각에 부상을 당했다. 그 부상으로 동맥과 오른쪽 팔뚝이 거의 반이나 잘렸지만 그는 팔에 지혈대를 한 채 상관의 명령도 무시하고 17시간 동안 다른 부상 군인들의 상처를 돌봤다. 의사들은 팔을 절단하라고 권했지만 그는 거절했다. 대신 팔을 재활하기로 하고, 느리고 고통스러운 과정 속에 각고의 노력을 기울였다. 그리고 전투 중의 용감한 행동에 대해 전공 십자 훈장을 받았다.

소아 기형 치료

1919년 토론토로 돌아온 밴팅은 소아 전문 병원의 후원자 스타 밑에서 정형외과 의사로 일하며 짧고 굽은 기형의 발이나 구부러진 팔다리 같은 소아 기형의 기계적 교정을 전공했다. 그는 동료들과 있을 때는 불편하고 부끄러웠지만, 어린 환자들과 있을 때는 마음이 편했다.

일 년 후에 그는 온타리오 주의 런던에서 자신의 병원을 개업했다. 하지만 환자들이 없어 밴팅은 돈을 벌기 위해 웨스턴 대학(현재의 웨스턴 온타리오 대학) 의과 대학의 해부학, 생리학 그리고 임상 수술의 시간 강사로 일했다. 그는 강의를 철저히 준비했고, 항상 최신 논문과 발견을 확보하기 위해 노력했다. 그는 의학 연구를 수행하고자, 종종 생리학과 과장인 프레드릭 R. 밀러 박사의 신경생리학 연구에 참여했다. 그들은 힘을 합쳐 대뇌 피질이 외부 자극에 민감하다는 것을 밝혔다. 이 연구는 밴팅이 다시 실험에 흥미를 느끼도록 만들었다.

호르몬 X

밴팅은 의학 잡지를 읽고, 강의도 준비하기 위해 도서관에서 많은 시간을 보냈다. 1920년 가을, 그는 다음 강의로 소화액을 분비하는 복부의 큰 분비 기관인 이자 pancreas에 대해 준비하기 시작했다. 그 소화액은 소장까지 도관 duct을 통해 분비되는데, 소화액 속에는 여러 가지 효소를 함유하고 있다. 효소는 소장에서 단백질, 지방 그리고 탄수화물을 체내에 바로 흡수할 수 있는 더 단순한 형태인 아미노산, 포도당, 지방산과 글리세롤 상태로 분해하게 된다. 이자를 제거하면 혈액과 소변의 당분 수치가 증가하게 되고, 결국 사망하게 되었다. 밴팅은 이 분비기관에 대해 더 알아보기 위해 의학서적들을 파고들었다.

밴팅은 4,000년 전에 기록된 당뇨병 증상을 발견했다. 이 병은 억누를 수 없는 갈증과 배고픔, 혈액과 소변의 높은 당 수치, 숨 쉴 때 나는 아세톤 같은 냄새, 피로감, 무력감, 과도한 체중 감소, 그리고 결국 뇌사 상태에 빠져 죽음에 이르는 특징을 보였다. 비록 이 질병은 먼 옛날부터 알려져 있었지만, 어떤 처치법이나 치료법도 발견되지 않고 있었다. 밴팅은 당뇨병 치료에 관해 알려진 것이 왜 이렇게 적은지 궁금했다.

1869년에 의학도였던 폴 랑게르한스는 이자 조직에서 검은 점들이 무더기로 존재하는 것을 발견했다. 이후에 랑게르한스섬islets of Langerhans이라고 명명된 이들 세포군은 소화 효소를 만들어내는 일반 이자 세포와 생긴 것도 달랐고, 도관을 통

이자 위장 뒤쪽에 위치하는 길고 불규칙한 모양의 기관으로 소화액과 호르몬 인슐린을 생산함

도관 물질이 지나갈 수 있도록 속이 비어 있는 관

랑게르한스섬 이자 안에서 인슐린을 생산하는 부분

해 소장으로 연결되지도 않았다. 1889년 독일 연구자 조셉 폰 메링과 오스카 민코크시는 개의 이자를 제거했다. 그 결과 급성 진성 당뇨병에 걸린 개는 2주도 되지 않아 죽어 버렸다. 당뇨병에 걸려 죽은 개의 이자 조직에서 랑게르한스섬은 위축되어 보였다. 몇몇 과학자들은 이 세포들로부터 생산되는 알려지지 않은 호르몬이 신비한 방법으로 체내에 흡수되어 당을 에너지로 태우는 것을 돕는다고 생각했다. 토론토 대학의 생리학과 과장인 존 제임스 리처드 맥리오드 박사(1876~1935)를 포함한 몇몇 생리학자들은 이 알려지지 않은 호르몬 X의 존재를 입증할 증거가 없다고 주장했다.

1920년 10월 30일 저녁 밴팅이 이자에 관한 강의를 하기로 한 바로 전날, 그는 강의에 쓸 부가 자료를 찾기 위해 마지막으로 도서관에 들렀다. 그날 아침 외과, 산과, 그리고, 부인과 잡지의 최신호가 도착해 있었다. 밴팅은 '이자 결석과 관련한 당뇨병과 랑게르한스섬의 관계'라는 제목으로 모세 바론 박사가 쓴 총 12페이지 논문을 발견하고 깜짝 놀랐다. 이 논문은 부검을 통해 가끔 이자관을 막은 담석이 드러났다고 밝혔다. 이러한 경우에, 소화액을 생산하는 이자 세포는 퇴화되는 반면 랑게르한스 세포들은 모두 정상적이고 건강하게 보였으며, 환자들은 당뇨병 증상을 보이지 않았다. 바론은 또한 이런 효과를 개의 이자관을 수술로 묶어 재현할 수 있었다고 진술했다. 이자관을 묶은 다음 몇 주 후에 랑게르한스 세포를 제외한 전체 이자 조직이 줄어들었다. 이 새로운 정보는 밴팅을 대단히 흥분시켰다.

집으로 돌아간 그는 새롭게 알게 된 사실을 마음 졸이며 다시 검토했다. 랑게르한스의 세포들은 어떻든 당뇨병과 관련이 있었다. 어쩌면 당분을 태우는 것을 돕는다는 미지의 호르몬 X가 체내에서 합성될지도 모르는 일이었다. 과거 당뇨병 증상을 개선하기 위해 이자의 추출물을 사용했던 것은 실패였다. 그러나 밴팅은 아마 이자에서 만들어지는 소화 효소가 추출 과정에서 그 미지의 호르몬을 파괴했을 것이라고 생각했다. 그는 소화되는 것을 방지하면서 호르몬을 추출할 수 있는 방법이 필요했다. 우선 효소를 만드는 세포를 파괴시키기 위해 이자관을 묶은 다음 추출물을 준비한다면 활성 호르몬 X를 얻을 수 있을 것 같았다. 새벽 2시에 그는 종이 위에 자신의 생각을 정리한 뒤 다음날 밀러에게 달려갔다.

밴팅의 말을 경청한 밀러는 자신이 신경생리학자이기 때문에 내분비학 전공자와 이야기해 볼 것을 권하며 토론토 대학의 맥리오드를 추천했다. 그러나 밴팅은 맥리오드가 호르몬 X의 존재를 믿지 않는다는 것을 알고 있었다. 그는 다른 몇몇 내과 의사들과 이야기해 보았으나 모두 혈당 화학의 대가인 맥리오드에게 미룰 뿐이었다. 밴팅은 주저하며, 약속을 잡고 토론토로 차를 몰았다.

맥리오드와의 만남은 매우 사무적이었다. 밴팅은 긴장한 상태로 자신의 생각을 말했고, 맥리오드는 예의바르게 들었다. 경력에 관한 질문을 받자, 혈액 화학 연구 경험이 없고, 다른 분야에도 사실상 경험이 없다는 것을 인정해야만 했다. 맥리오드는 별 관심을 가지지 않았고, 실망한 어린 의사를 돌려보냈다. 너무 긴장한 탓에 자신이 생각하고 있는 연구의 필요성을 분명하게 설명하지 못한 것 같아 그는 그날 밤 제안서를 만들었다. 다음날 아침 다시 방문한 밴팅의 제안서를 읽은 맥리오드는 개 10마리와 숙련된 생화학 조교 그리고 8주간 사용할 수 있는 실험실을 제공하기로 했다.

이후 몇 달간 도서관에서 자료를 좀 더 조사하고 계획된 프로젝트의 세부적인 것들을 해결한 후에 밴팅은 자신의 병원과 웨스턴 대학의 강사직을 남겨두고 토론토로 다시 갔다. 맥리오드가 추천한 조교는 최근 생리학과 생화학과를 졸업한 찰스 H. 베스트였다. 밴팅처럼 베스트도 역시 헌신적이고, 이상주의자였다. 그러나 그는 혈액과 소변 속의 당 수치를 측정하기 위해 화학적 반응을 사용해 본 연구 경험이 있었다.

캐나다인 생리학자 찰스 베스트는 프레드릭 밴팅경과 함께 인슐린을 공동 발견했다.

밴팅이 가진 외과 의사로서의 경험은 당뇨병 치료제인 인슐린 주사의 효과를 증명하는 실험을 수행하는 데 굉장히 유용했다.

1921년 5월 16일 밴팅은 랑게르한스섬을 제외한 모든 이자 조직이 파괴되길 바라며 개의 이자관을 묶는 수술을 시작했다. 다음 주, 그는 두 단계 절차를 사용하여 개의 이자를 제거하는 시도를 했다. 그러나 개는 그만 감염 쇼크로 죽고 말았다. 밴팅은 수술 경험을 살려서 한 번의 수술로 이자를 완전히 제거하는 기술을 연마했다. 기대했던 대로 개는 당뇨병에 걸렸다. 6~8주간 이자관이 묶인 개의 이자가 퇴화하는 동안, 밴팅은 그들이 발견하고자 하는 알려지지 않은 호르몬의 이름을 '이슬레틴'이라 명명했다.

1921년 7월 6일, 그들은 이자관이 묶인 두 마리 개의 배를 갈랐지만, 그 안에서 생생하게 건강한 이자를 발견하고 실망했다. 조사 결과 밴팅이 그 관을 너무 꽉 조여맨 나머지, 매듭 주위로 새로운 통로가 형성된 것이 드러났다. 이를 바로잡기 위해, 밴팅은 전보다 좀 더 느슨하게, 그러나 확실하게 소화액이 흐르지 못하도록 관의 다른 세 군데를 다시 묶었다. 이윽고 몇 마리의 개에서 이자가 퇴화되기 시작했다. 그러나 그들은 2주 더 진행되도록 놔둘 것을 결정했다.

밴팅은 스코틀랜드에서 여름휴가를 보내고 있던 맥리오드로부터 소식이 올까 봐 걱정이 되었다. 그는 원래 그들에게 8주간 실험실을 제공하기로 약속했었는데 그 기간이 거의 끝나가고 있었다. 또한 연구비도 떨어져서 밴팅은 개를 더 사기 위해 차를 팔았다.

그들이 다른 개의 이자를 제거하자, 그 개는 바로 당뇨병에 걸렸다. 개가 뇌사 상태에 이르자, 그들은 이자관이 묶인 개의 배를 가르고, 퇴화된 이자를 잘라내었다. 랑게르한스섬은 여전히 건강해 보였다. 그래서 그들은 완충액을 넣은 차가운 식염수에 그 이자를 으깨 넣었다. 그들은 시료를 여과하여 죽어가는 개의 목 정맥에 주사했

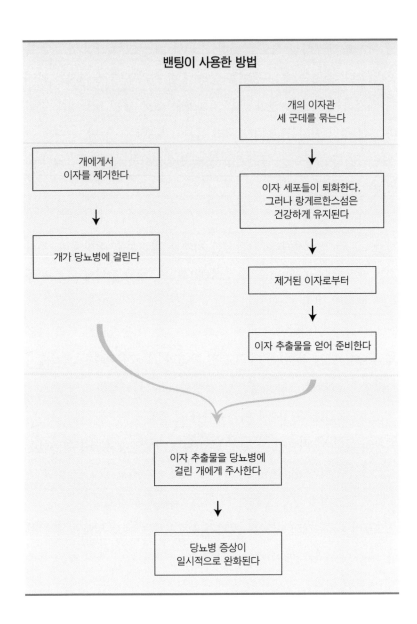

밴팅이 사용한 방법

개의 이자관
세 군데를 묶는다

↓

개에게서
이자를 제거한다

↓

개가 당뇨병에 걸린다

이자 세포들이 퇴화한다.
그러나 랑게르한스섬은
건강하게 유지된다

↓

제거된 이자로부터

↓

이자 추출물을 얻어 준비한다

이자 추출물을 당뇨병에
걸린 개에게 주사한다

↓

당뇨병 증상이
일시적으로 완화된다

다. 한 시간이 되기도 전에, 개는 고개를 들기 시작했다. 몇 시간이 지나자 앉아서 꼬리를 흔들었고, 혈당은 거의 정상치로 떨어졌다. 다섯 시간 내에, 소변에서 당이 전혀 나오지 않았다. 그 결과는 밴팅과 베스트가 예상했던 그대로였다. 비록 경험은 없었지만, 독창적인 한 젊은 내과 의사의 통솔 하에 의학의 기적은 현실이 되고 있었다. 이슬레틴은 성공적으로 당뇨병을 치료했다.

불행하게도 다음날 아침 그 개는 죽었다. 이슬레틴은 효과적인 치료제였으나, 당뇨병을 영구적으로 치유하지는 못했다. 그들은 두 번째 개로부터 이자를 제거했고, 병에 걸리기를 기다렸다. 그리고 이자관이 묶인 다른 개들로부터 이자 추출물을 더 많이 만들었다. 이번에는 지난번 성공이 명확히 이자에서 나온 물질에 의한 성공이라는 것을 증명하기 위해 간과 비장의 추출물도 만들었다.

간과 비장 추출물을 아픈 개에게 주사했을 때는 아무 일도 일어나지 않았다. 그러나 이자 추출물을 주사했을 때 개는 다시 기력을 회복했고 몇 시간 내에 소변에서 당이 나오지 않았다. 실험 개는 3일 동안 생존했다.

이러한 결과에 기쁘면서도 한편으로는 당뇨병 걸린 동물을 일시적으로 치료하는 추출물을 얻기 위해 건강한 동물을 죽여야 한다는 것이 영 탐탁치가 않았다. 그는 희생되는 동물은 최소화하고, 생산되는 추출물의 양은 최대화할 수 있는 방법을 찾아내고 싶었다. 그 결과 그들은 다른 호르몬을 사용하여 이자를 과도하게 자극해 소진시켜 버리는 방법을 시도했다. 그러나 이것도 역시 제한된 양만을 산출할 뿐이었다.

맥리오드가 휴가를 마치고 돌아왔다. 그는 진척된 상황에 대해 별 감동을 받지는 않았지만, 밴팅과 베스트가 실험실 설비를 계속 사용하는 것은 허락했다. 그러나 다시 한 번 파산하게 된 밴팅은, 재정 때문에 실험이 중단되는 사태에 이를까 봐 걱정이 되었다. 약학부 과장인 벨리언 헨더슨이 밴팅에게 적은 봉급의 실험실 조교 자리를 제안했다. 그 일은 부담은 많지 않으면서, 적은 봉급이나마 연구를 계속하기에 보탬이 되었다.

하루는 베스트가 우연히 갓 태어난 동물의 이자가 다 자란 동물의 것보다 랑게르한스섬이 더 풍부하다는 논문을 발견하게 되었다. 태아는 자궁에서 스스로 음식을 소화하지 않기 때문에, 또한 소화액을 생산하지도 않았다.

밴팅은 도살장에서 이자를 떼어낼 수 있는 송아지 태아를 충분히 공급받을 수 있을 것이라고 생각했다. 다음날 정오까지 그들은 이슬레틴을 추출할 태아 상태의 송아지 9마리를 확보했다. 태아 상태의 송아지로부터 나온 이슬레틴 역시 당뇨병에 걸린 개에게 주사했을 때 혈당을 정상수치로 감소시켰다. 이 방법은 이자관이 묶인 개에게서보다 추출물을 더 많이 공급받을 수 있었고, 건강한 동물을 희생시킬 필요도 없었으나, 공급은 여전히 제한적이었다.

밴팅과 베스트는 산과 알코올 화합물을 사용하여 다 자란 소의 이자로부터 이슬레틴을 추출할 수 있는 화학적인 추출 방법을 고안해냈다. 환자들에게 부작용의 원인이 되지 않는다는 것을 확증하기 위해 그들은 서로에게 추출물을 주사했다. 별다른 나쁜 결과는 나타나지 않았다. 물론 그들 중 누구도 당뇨병 환자는 아니었다. 이제 그들은 효험 있는 추출물로, 사람에게 실험할 준비가 완료되었다.

기적의 치료제

1992년 1월 11일 사람에게 실험할 기회가 왔다. 토론토 종합 병원에 중증 당뇨병으로 열네 살의 소년이 입원했는데, 그 소년은 체

중이 줄어서 29킬로그램밖에 나가지 않았고, 죽음이 거의 임박한 상태였다. 이슬레틴의 투약은 기적적으로 소년의 혈당을 감소시켰다. 그들은 추출물을 더 정제하려 했고, 그의 건강을 회복시키기 위해 투여량을 최적화했다.

이쯤 되니 지금까지 관심을 갖지 않던 맥리오드도 의학의 경이로움에 놀라지 않을 수 없었다. 그는 자신의 연구를 중단하고 이슬레틴 연구에 전체 조교를 투입했다. 그는 발음하기가 더 쉽도록 이름을 '인슐린'으로 바꿀 것을 제안했다. 생화학자 J. B. 콜립 박사와 최근 졸업한 E. C. 노벨이 이자 추출물에서 인슐린을 정제하기 위한 분별 알코올 침전이라고 하는 기술 완성에 베스트와 함께 동참했다. 이런 종류의 생화학 연구는 밴팅의 전문지식을 뛰어넘는 것이었다.

1923년 2월 밴팅의 과거 의대 동기였던 조 질크라이스트가 밴팅을 보러 왔다. 그는 전쟁 중에 당뇨병에 걸렸고, 그들의 새로운 추출 조제품을 위해 임상 실험을 자원했다. 호흡 검사에서 질크라이스트의 몸은 어떤 당도 태우지 못하는 것으로 나타났다. 그들은 그에게 인슐린을 주사했고, 몇 시간 후 그는 당이 없는 소변을 보았다. 한번은 우연히 인슐린을 과잉 투여했으나, 근처의 포도당 용액 한 비커를 마신 후에 회복되었다. 몇 달 후, 밴팅은 캐나다 정부로부터 제대 군인을 위한 토론토의 크리스티 스트리트 병원의 임상 실험 허가를 획득했다. 이후에 그들은 토론토 종합 병원까지 실험을 확장했다.

그들은 비록 인슐린이 놀라운 효과를 발휘하지만, 임상실험을 통해 여전히 다이어트가 치료에서 중요한 요소임을 알게 되었다. 그들은 적절한 인슐린의 복용량을 계산해냈고, 식전 20~30분에 주사하는 것이 가장 효과적이라고 결정했다. 그들은 인슐린 과량 투여 징후를 알아내고는, 포도당을 투여하면 인슐린 쇼크를 방지할 수 있다는 것도 알아냈다. 이 실험이 성공하기 전에는, 열 명의 당뇨병 환자 중에 여섯 명이 뇌사상태로 죽었고, 아이들은 모두 죽을 병을 타고난 셈이었다. 인슐린의 효과로 사망률은 현저히 떨어졌다.

잘못된 평판

밴팅과 베스트는 그들의 발견 '이자의 내분비'를 〈실험과 임상의학〉 1921년 11월호에 발표했다. 밴팅은 1922년 말 코네티컷 주 뉴헤이븐의 의학 모임에서 자신들의 결과를 공개적으로 알렸다. 그는 경험 있고 세련된 연설가는 아니었다. 그러나 그 모임의 의장을 맡았던 맥리오드가 다음으로 연설을 했다. 맥리오드는 설명은 더 잘했으나 사실상 누가 그 일에 공헌했는지를 강조하는 것은 미흡했다. 그래서 많은 이들이 맥리오드가 그 연구를 이끌었다고 생각했다. 시카고의 미국 내과 의사 협회는 맥리오드에게 연설을 부탁했다. 또다시 그는 인슐린의 발견을 이끈 연구를 누가 주도했는지 분명히 밝히지 않았다.

계속된 임상 실험은 놀라운 결과를 가져왔다. 곧이어 도처의 상업적인 제약 회사들이 인슐린 제조 방법에 관한 설명서를 제공 받았다. 그러나 사람들은 토론토로 몰려들었다. 그들은 기적의 내과 의

사인 밴팅을 보고, 생명을 구해 준 것에 대해 감사를 표하기를 원했다. 밴팅은 주체할 수 없을 정도로 감사와 선물을 받았다. 그는 당뇨병을 치료하기 위해 임시로 사무실을 열었고 환자들 치료에는 단지 최소한의 비용만을 청구했다.

베스트, 콜립과 함께 밴팅은 인슐린 생산 방법에 대한 특허를 받았다. 그러나 개인적인 재정 이득을 위해서는 아니었다. 그는 단지 일정 수준의 질을 유지하는 것을 확실히 하고자 했다. 수익금은 미래의 연구 프로젝트에 사용하기 위해 기금으로 조성됐다. 그는 수많은 메달, 상 그리고 몇몇 나라들로부터 명예 학위를 받았다. 심지어 영국의 국왕이 그에게 인터뷰를 요청하기도 했다.

밴팅은 1923년에 토론토 대학 역사상 최초로 의학 연구 정교수로 임명받았으며 그를 기념하기 위해 개설된 강좌는 밴팅의 의학 연구 최고 강좌라고 명명되었다. 대학은 밴팅의 성공 결과로 받은 엄청난 재정적 지원으로 밴팅연구재단을 설립하기로 계획했다. 캐나다 의회는 그에게 평생 연금을 지원하기로 했다.

그러나 밴팅에게 수여된 가장 큰 상은 1923년 노벨 생리의학상이었다. 그 상은 노벨 위원회의 터무니없는 실수로 수상자를 맥리오드와 밴팅이라고 거명하여 밴팅을 몹시 화나게 만들었다. 밴팅은 그 상을 누구와 나누든 개의치 않았으나, 베스트가 거명되지 않은 것에 화가 났던 것이다. 베스트는 그와 함께 땀을 흘렸고, 실험실의 분젠버너로 요리한 식사를 함께 먹었으며, 그들의 연구가 가진 의미를 믿었던 사람이었다. 밴팅은 부당한 조치에 너무 화가 나서 노벨상을 거절하려고 했다. 그러나 그의 친구들이 조국 캐나다를 위해 그 상을 포기하지 않도록 설득했다. 그는 베스트가 의대 학생들에게 강연하고 있던 하버드 의대의 학장 엘리엇 P. 죠슬린이 분명히 이해하도록 전보를 보냈다. 그 전보는 공개적으로 베스트의 공헌을 알렸고, 밴팅의 충직한 동료 베스트에게 상금의 반을 보증했다. 이러한 행위는 맥리오드가 그의 상을 콜립과 나누는 동기가 되었다. 밴팅은 또한 이름의 순서를 밴팅과 맥리오드로 수정할 것을 주장했다.

1925년 6월 4일 밴팅은 육군에서 전역하기 전 잠깐 만났던 방사선 기사 메리언 로버슨과 결혼했다. 그들은 외아들 윌리엄 로버슨 밴팅을 1929년에 얻었다. 밴팅은 명성의 책임을 다했으나, 그는 항상 집으로 돌아가서 외아들과 시간을 보내기를 갈망했다. 비록 결혼생활은 1932년 이혼으로 끝났지만 밴팅은 윌리엄의 후견 의무를 받아들였다.

규폐증과 전시 연구

오랜 여행, 강의, 당뇨병 환자 치료로 시간을 보낸 후에 밴팅은 연구실험실로 돌아가고자 했다. 이제 그는 비서 한 명, 실험 기사 한 명, 조교 두 명, 그리고 작지만 자신의 연구실이 있었다. 실험실에서 밴팅은 좋은 선생님이었다. 그는 학생들이 스스로 생각하게 하고, 간명하게 말하며, 문제의 핵심을 파악하도록 가르쳤다. 그가 관심을 가진 연구대상은 암, 정신질환의 화학적 치료 그리고 로얄 젤리(여

왕벌의 먹이)였다. 그러나 그는 규폐증 검사에 가장 큰 진전을 나타
냈다.

대부분 광부들이 걸리는 폐질환인 규폐증의 증상으로는 짧은 호
흡과 끊임없이 지속되는 기침, 그리고 종종 전신 장애가 나타났다.
밴팅과 그의 연구자들은 실리콘 이산화물의 흡입이 원인이라는 것
을 밝혀냈고, 실리콘 이산화물이 폐에서 용해되어 규산을 형성했다.
산은 폐의 내부를 자극했고, 경화와 섬유층이 나타나는 원인이 되었
다. 공기 중의 먼지를 여과하는 것은 비용이 너무 많이 들어, 밴팅의
팀은 규폐증을 방지하기 위한 다른 방법을 조사했다. 그들은 공기
중에 정제된 알루미늄 가루 분말을 살포하면 성공적으로 광부들
의 폐에서 규산이 형성되는 것을 방지할 수 있다는 사실을 알아
냈다.

세계는 계속해서 그의 명예와 공로를 인정했다. 토론토 대학은 새
로운 연구센터인 밴팅연구소를 열었다. 공식적인 개소식은 1930년
이었고, 밴팅은 개소식의 주인공이었다. 공식 개소식 며칠 전에, 그
는 급성 맹장염에 걸려 고통받았다. 대학의 임원들을 실망시키고 싶
지 않았던 그는 공식 행사에 참석하기 위해 필요한 응급 수술을 연
기했다.

1934년에 그는 대영제국의 작위를 받았다. 또한 많은 자격으로
캐나다 정부를 위해 일했다. 예를 들면, 국가연구자문회의 의학연구
위원회 회장으로서 전국의 의학 설비를 조사하고, 항공의료연구위
원회의 설립을 추천하여 회장직을 맡기도 했다.

1937년 그는 밴팅 화학요법과 결핵 조사 연구소에 근무하던 헨리에타 볼과 재혼했다. 캐나다가 전쟁을 선언하기 바로 직전인 1939년, 밴팅은 잠깐 동안 육군에 복귀했다. 그는 소령으로 임명받았고, 정부는 그에게 중요한 연구 프로그램을 조직하고 관리하는 업무를 주었다. 그가 지휘한 전시 의학 연구는 감압 연구, 독가스 해독제 개발, 그리고 비행사의 방탄 비행복 발명이었다.

1941년 2월에 밴팅은 새롭게 개발된 비행복에 관한 연구결과를 건네기 위해 영국으로 날아가고 있었다. 비행 중 엔진이 고장 났고, 밴팅은 뉴펀들랜드에 추락하여 사망했다. 이 소식은 캐나다를 망연자실하게 만들었다. 밴팅의 시신은 토론토 대학의 강당에 안치되었고, 수많은 사람들이 애도를 표하기 위해 찾아왔다. 프레드릭 밴팅 경의 장례식은 최고 군장 의례로 행해졌다.

국제당뇨병연합은 밴팅과 베스트 기념 강좌를

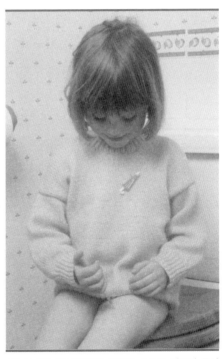

오늘날 당뇨병 환자들은 집에서 스스로 인슐린 주사를 투여하도록 배움으로써 의사에게 의존하는 것을 최소화하고 있다.

개설했고, 미국당뇨병협회는 밴팅 훈장과 기념 강좌를 열었다. 밴팅 연구재단은 젊은 캐나다 과학자들의 의학 연구를 지원하면서 밴팅의 인슐린 발견을 지속적으로 기념하고 있다. 토론토 대학의 밴팅과 베스트당뇨병센터는 당뇨병 연구, 교육과 환자 관리를 지원하고 개선하고자 노력하고 있다.

　이러한 모든 찬사에도 불구하고 밴팅은 그의 노력으로 말미암아 수백만의 당뇨병 환자들이 건강하고 즐거운 삶을 영위하고 있다는 것에서 더욱 큰 기쁨을 느낄 것이다. 비록 한때는 전문가들도 희망이 없다고 믿었던 질병이지만, 숫기 없던 한 의학 연구자는 거의 구걸하다시피 하면서 이용허가를 받았던 비좁은 실험실에서 결국 해낸 것이다. 프레드릭 밴팅 경과 그의 조수, 찰스 베스트는 희망을 버리지 않았고 그 결과, 기적의 호르몬 인슐린을 발견했다.

생명공학의 인슐린 생산

　1922년에 소에서 인슐린을 추출하고 정제하는 방법이 개발되었지만, 그 방법은 1년 동안 10만 명의 당뇨병 환자에게 인슐린을 공급하기 위해 소 3백만 마리의 이자를 필요로 했다. 이자를 얼려서 이동시키는 비용도 만만치 않았고, 그 과정에 위험한 화학약품이 사용되었다. 그리고 의사들은 장기적인 결과를 걱정했다. 왜냐하면 그 호르몬은 사람 인슐린과 구조가 약간 달랐다. 몇몇 환자들은 알레르기 반응을 나타냈다.

　생명공학의 발달로 전 세계에 당뇨병을 위한 안전하고 풍부한 인슐린 공급이 가능해졌다. 미생물은 유전적으로 사람 인슐린 단백질을 생산하도록 조작되었다. 1978년에 당시 새로운 회사였던 제넨테크의 연구원인 허버트 보이어는 성공적으로 사람 인슐린 유전자를 포함한 DNA 조각을 고리모양의 작은 DNA 조각인 플라스미드plasmid에 삽입했다. 플라스미드는 실험용 박테리아 균주인 대장균Escherichia coli에 삽입되었다. 일단 박테리아 내부에 들어간 유전자는 박테리아가 분열할 때마다 합성되었고, 새로 생긴 박테리아 세포 또한 인슐린 유전자를 포함하게 되었다. 박테리아는 많은 양의 단백질을 생산했다. 그리고 인슐린은 생화학적인 방법을 사용하여 추출되고 정제되었다. 그 이후로 인간 성장 호르몬, 혈우병 인자 Ⅷ, 말단 비대증을 위한 소마토스타틴, 그리고 혈병 용해제인 조직 플라스미노겐 활성체 같은 많은 부가적인 생물 약제들이 작은 생물학 공장 같은 박테리아를 사용하여 생산되어 왔다.

> 플라스미드　원핵세포의 주 염색체 바깥에 있는 부수적인 DNA 분자로 닫힌 고리모양임

생명공학의 인슐린 생산

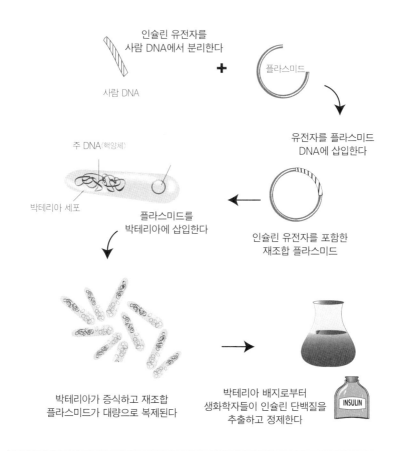

인슐린 유전자를
사람 DNA에서 분리한다

사람 DNA

+

플라스미드

유전자를 플라스미드
DNA에 삽입한다

주 DNA〈핵양체〉

박테리아 세포

플라스미드를
박테리아에 삽입한다

인슐린 유전자를 포함한
재조합 플라스미드

INSULIN

박테리아가 증식하고 재조합
플라스미드가 대량으로 복제된다

박테리아 배지로부터
생화학자들이 인슐린 단백질을
추출하고 정제한다

1978년부터 인슐린은 유전자 조작된 미생물로부터 합성되고, 정제되어 왔다.

1891	11월 14일 캐나다 온타리오 주 앨리스톤에서 출생
1910	신학 전공으로 토론토의 빅토리아 대학 입학
1912	토론토 대학에 의대생으로 등록
1916	의대 졸업. 제1차 세계대전 중에 중위로 캐나다 육군 의료단에 합류(이후 대위로 승진)
1918	전투 중의 용감한 행동으로 전공 십자 훈장을 받음
1919	토론토의 소아전문 병원에서 정형외과 의사로 근무 시작
1920	온타리오 주 런던에 개인 병원 오픈. 웨스턴 대학(현 웨스턴 온타리오 대학) 의대에서 시간 강사직 수락. 토론토 대학에서 연구를 지원하도록 맥리오드 설득
1921	베스트와 함께 개에게 투여된 이자 추출물이 혈당 수치 를 낮춘다는 것을 발견. 그들이 발견한 〈이자의 내분비〉를 실험과 임상 의학 잡 지 1921년 11월 호에 발표
1922	당뇨병 환자에게 투여된 인슐린이 혈당 수치를 떨어뜨림
1923	밴팅과 맥리오드가 노벨 생리의학상 수상. 밴팅은 베스트와, 맥리오드는 콜립과 상을 나눔. 토론토 대학 역사상 최초의 의학 연구 정교수로 임명됨
1939	소령으로 육군에 복귀
1941	2월 21일 의료 임무 수행 중 비행기 추락으로 사망

> 원자폭탄 개발을
> 성공적으로 주도하여
> 원자폭탄의
> 아버지라 불리는
>
> J. 로버트 오펜하이머

Chapter 5

원자폭탄의 아버지,

J. 로버트 오펜하이머

J. Robert Oppenheimer
(1904~1967)

핵폭발의 힘은 TNT보다 10만 배나 더 파괴적이다. 알베르트 아인슈타인은 $E = mc^2$을 발표함으로써, 세계에 그처럼 강력한 핵무기를 개발할 수 있는 정보를 제공했다. 아인슈타인은 물체의 에너지는 질량과 빛의 속도의 제곱의 곱과 같다고 산정했다. 빛의 속도(30만km/s)는 매우 빠르고, 그 값의 제곱은 더욱 크기 때문에, 심지어 물질의 가장 작은 조각이 지닌 에너지의 양도 엄청나다. 핵분열 또는 원자핵 분열은 이 에너지를 방출할 수 있다. 1940년에 미국은 원자폭탄을 만드는 비밀 연구 계획을 구체화했다. 맨해튼 프로젝트는 1,500명의 과학자와 기술자로 구성된 팀을 성공적으로 이끈 것으로 유명한 물리학자 한 명의 지도 하에 뉴멕시코 주 로스앨러모스에서 진행되었다. 그들이 제조한 폭탄은 제2차 세계내전을 종결시켰고, 과학의 질주가 시작되었다.

J. 로버트 오펜하이머는 원자 수준의 소립자와 입자선의 학문, 양자역학 분야의 개척자였다. 유럽에서 양자 이론을 일찍이 통달한 후, 그는 미국 최초의 세계적인 이론연구센터를 설립했다. 2차 세계대전 중, 오펜하이머는 타고난 천재성을 인정받아 최초의 원자폭탄 설계와 제조의 총 책임자로 발탁되었다. 그는 전시와 전후 이론물리학의 진보에 공헌한, 유능하고 카리스마 있는 지도자였다.

부유한 집안에서 출생

J. 로버트 오펜하이머는 1904년 4월 22일 뉴욕의 부유한 부부, 줄리어스와 엘라 프리먼 오펜하이머 사이에서 태어났다. 그의 아버지는 직물 수입 사업으로 부를 이룬 독일 이민자였고, 어머니는 미술을 가르치는 재능 있는 화가였다. 로버트는 프랭크라는 남동생이 하나 있었고, 그의 가족은 가정부, 집사 그리고 고용 운전사까지 둘 정도로 편안하게 생활했다.

로버트의 가족은 자주 여행을 다녔다. 그중 독일 여행 때 할아버지가 암석 세트를 선물한 것을 계기로 로버트에게 돌과 광물 수집에 관심을 가지게 되었다. 11살에 로버트는 뉴욕 광물협회의 최연소 회원으로 선발되었다. 그는 12살에 첫 번째 논문을 발표했다. 그는 스포츠보다는 책에 더 많은 관심을 가졌지만, 가족 소유의 보트 두 대로 항해하는 법을 배우기도 했다.

뉴욕의 사립학교를 다녔던 로버트는 1921년에 우등으로 졸업한 후 그해 가을 하버드 대학에 진학할 계획이었으나 유럽 여행 도중

이질에 걸려서 계획대로 할 수가 없었다. 1년간 회복한 후에, 부모님은 그의 고등학교 영어 교사였던 허버트 스미스와 서부 여행을 제안했다. 그들은 뉴멕시코의 피코스강 유역의 목장을 방문했다. 로버트는 그곳에서 승마를 배웠으며, 그 지역의 풍광에 매료되어 인생의 후반에 다시 이곳으로 돌아왔다.

1922년 가을, 오펜하이머는 하버드 대학에 진학했다. 그는 고전 문학에서 수학까지 모든 분야를 공부했다. 비록 화학을 전공했지만, 물리학에 큰 관심을 가져 대학시절 내내 도서관이 아니면, 물리학과 교수 퍼시 브리지먼과 연구하며 실험실에서 지냈다.

3년 만에 최고 성적으로 졸업한 오펜하이머는 케임브리지 대학 카번디쉬 실험실에서 연구하기 위해 영국으로 갔다. 그는 원자핵을 발견한 노벨상 수상자 어네스트 러더포드(화학, 1908)와 연구하기를 원했지만 러더포드는 오펜하이머의 자격이 충분하지 않다고 생각했다. 1897년에 전자를 발견한 노벨상 수상자 조세프 존 톰슨(물리학, 1906)은 오펜하이머를 그의 실험실에 받아들였다. 하지만 아무리 똑똑한 그라도 실험에는 서툴러 오펜하이머는 좌절했었다. 세계 수준의 연구 기관에 머물면서 훌륭한 물리학자들과 접촉했던 오펜하이머는 이론 물리학을 접했을 때, 적소를 발견했다는 것을 깨달았다.

새로운 물리학의 대가

실험주의 물리학자들은 가설 검증을 위해 실험을 한다. 그들은 이론물리학자들이 수학을 사용하여 미리 세운 이론적 배경의 예언과 관찰된 결과를 비교하여 자연현상을 설명한다. 과학자들이 원자와 전자 같은 소립자의 행동을 이해하는 것을 돕는 양자 이론에 기초한 양자역학은 흥미로운 물리학의 새로운 분야로 막 떠오르고 있었다. 양자역학은 고전적인 방법으로 설명이 되지 않는 현상을 풀기 위한 도구로 등장하여 새로운 물리학의 서광을 비추고 있었다. 오펜하이머는 맥스 본이 공동 연구를 제안했을 때 즉시 수락했다. 그는 괴팅겐 대학에서 새로운 양자 이론을 위한 수학적 기초 마련에 공을 들이고 있는 중이었다.

1926년 괴팅겐에 도착하기 전, 오펜하이머는 케임브리지 철학 학회 회보에 〈양자론의 진동 회전대〉와 〈양자론에서 두 물체의 문제〉라는 논문 두 개를 발표했다. 그 논문들은 그의 새로운 아이디어에 대한 전문 지식을 증명했고, 오펜하이머를 재능 있는 이론물리학자로 자리매김 시켰다. 본과 함께 그는 〈분자의 양자 이론〉을 공동 저술하여, 분자의 행동을 설명하기 위해 양자역학을 사용한 본-오펜하이머 근사치를 소개했다. 그들이 제안한 분자의 에너지를 구분 짓는 방법은 양자물리학의 표준이 되었다. 오펜하이머는 또한 전기장이 금속 표면에서 전자를 추출하는 데 사용될 수 있다는 사실을 증명했다. 과학자들이 금속 표면의 원자 수준 이미지를 관찰할 수 있도록 하는 주사형 터널 현미경은 이 발견에 바탕을 두고 있다. 오펜하이머는 1927년 봄에 이론 물리학으로 박사 학위를 받았고, 1928년부터 1929년까지 네덜란드의 레이든과 스위스의 취리히에서 양자역학 연구를 계속했다. 오펜하이머는 고전 물리학이 해결할 수 없었던 문제를 해결하기 위해 양자역학을 적용한 최초의 인물이었다. 다른 사람들은 그가 문제가 무엇인지를 빨리 파악하고 유의미한 추적 질문을 해내는 능력이 뛰어나다는 사실을 잘 알고 있었고, 그 점을 부러워했다.

미국의 이론물리학

1929년에 오펜하이머는 버클리의 캘리포니아 대학과 파사데나의 캘리포니아 공대칼텍에서 동시에 조교직을 수락했다. 그가 캘리포니아에 도착하기 전, 유럽은 이론물리학 연구의 중심지였다. 그러나 오펜하이머는 버클리에 세계적 수준의 이론연구센터를 설립했다. 비록 처음에는 경험 없는 일개 강사였지만 학생들과 동료들은 그의 잠재적인 탁월함을 인지하자, 다소 지적으로 거만한 그의 태도에도 불구하고 그에게서 기꺼이 배우고자 했다. 그의 학생들과 박사 과정을 마친 연구생들은 학기마다 버클리와 파사데나로 그를 따라다녔다. 그는 학생들에게 사치스러운 레스토랑에서 저녁 만찬을 사주고, 실내악 콘서트 같은 문화 활동을 소개하는 것으로도 유명했다.

오펜하이머의 지도 하에 버클리 과학자들은 상대론적인 양자역학 문제(입자수가 변할 수 있는 양자역학계)와 전자기장 이론에 집중했다. 1930년에 오펜하이머에 의해 수행된 연구는 양자가 전자의 반물질 등가물(질량을 가진 물질이 아니면서, 전자가 음전하를 띠는 것처럼 양전하를 띠는 입자)이라는 믿음을 없애버렸다. 그는 본래 음으로 대전된 전자와 같은 질량을 가진 양으로 대전된 입자인 양전자의 존재를 예언했었다. 1932년 미국 칼텍의 물리학자, 칼 데이빗 앤더슨은 예언된 양전자를 발견했고, 1936년에 노벨 물리학상을 받았다. 오펜하이머는 블랙홀의 존재를 예언했다. 우주에서 날아온 입자선이 다른 입자들로 분해되는 것을 발견하고 이를 단계적 반응이라고 불렀다. 그는 또한 중성자들만 있을 때보다 중양자(양자와 중성자로 구성된 입자)들이 훨씬 더 큰 에너지로 가속될 수 있고, 따라서 고에너지에서 양으로 대전된 원자핵을 터뜨리는 데 사용될 수 있음을 증명하여 입자물리학(소립자의 성질과 속성에 관심을 갖는 물리학의 분야) 연구를 발전시켰다.

버클리에서의 13년 동안, 오펜하이머는 공산당 당원들과 가깝게 교제했다. 당시 러시아는 대공황으로 고통받고 있던 미국의 동맹국이었다. 많은 진보적인 학생들과 교수들은 인종 차별, 실업 문제 해결, 공평한 임금 지불 같은 국가적인 어려움에 대한 해답을 공산주의자들의 이상을 수용함으로써 찾으려 했다. 오펜하이머의 남동생과 친척 동생은 그가 3년 동안 교제하던 여성처럼 공산 당원이었다. 이후 러시아의 독재자 조세프 스탈린의 통제 행위에 불쾌감을 느낀 오펜하이머는 공산주의에 등을 돌리게 되었다. 그러나 이때의 연관은 훗날 그의 인생에서 악몽으로 돌아왔다.

1940년에 오펜하이머는 세 명의 전남편을 둔 캐서린 푸닝 해리슨과 결혼했다. 그들은 1941년에 첫째 아들 피터를, 1944년에는 딸 캐서린을 얻었다.

맨해튼 프로젝트

1930년대에 물리학자들은 핵분열 이론을 연구하기 시작했다. 핵분열은 한 개의 큰 원자핵이 두 개의 좀 더 작은 원자핵으로 쪼개지면서 원래 한 가지 원소를 이루고 있던 원자가 두 가지의 다른 원소를 이루게 되는 과정이다. 독일 과학자들은 우라늄 원자(원자 번호 92)에 중성자 하나를 충돌시키면 두 개의 더 작은 방사성 원자핵으로 쪼개어지면서 눈에 보이지도 않게 작은 물질이 엄청난 에너지를 빙출할 수 있다는 사실을 발견했다. 중성자로 촉매된 원자핵의 분열뿐 아니라, 그 과정에서 중성자들도 방출된다. 새로이 방출된 중성자는 근처 다른 핵에 충격을 주어 쪼개며 연쇄 반응을 일으킨다. 이것은 초당 수백만 번이나 발생한다. 과학자들은 이 현상이 그 어떤 형태의 무기류보다 강력한 원자폭탄을 제조하는 데 활용될 수 있다는 것을 깨달았다.

1939년 9월 1일 독일이 폴란드를 침공하면서 2차 세계대전이 시작되었다. 그리고 12월 7일 일본 군함의 공군이 진주만을 폭격했을 때 미국도 전쟁에 휘말렸다. 미국 과학자들은 전쟁을 승리로 이끌 수훈감으로 믿었던 원자폭탄 만들기에 뛰어들었다. 버클리의 방사능연구소 과학자들은 우라늄이 핵분열 반응에 사용할 화학 원소로는 최선의 선택이라고 결정했다. 이론상으로, 중성자를 가진 우라늄 금속 덩어리를 때려서 연쇄 반응을 일으킨다는 아이디어는 간단했다. 그러나 극복해야 할 많은 기술적인 문제들이 있었다. 방사능 연구소 소장 어니스트 로렌스는 우라늄-235를 화학적으로는 구별할 수 없는 동위원소, 우라늄-238로부터 분리하기 위해 맹렬히 연구했다. 동위원소는 양성자 수는 같지만, 중성자의 수가 서로 다른 원소의 원자들을 말한다. 우라늄-235의 원자핵은 핵분열을 겪으면서 원소의 안정된 상태가 되었다. 불행하게도, 그것은 자연 상태에서 매우 희귀했다. 다른 곳에서는 핵반응장치의 실행 가능성을 논쟁했고, 폭탄 제조의 다른 면, 이를테면 연쇄 반응을 시작하는 최선의 방법과 폭탄 조립 방법 같은 것을 검토했다.

1942년, 미국 정부는 원자폭탄을 개발하기 위한 목적의 코드명 맨해튼 프로젝트로 공동 노력을 체계화했다. 레슬리 그로브 장군은 프로젝트의 총책임자로 관리 경력이 전무한 오펜하이머를 선택하는 엄청난 결정을 내렸다. 오펜하이머는 대체로 전쟁에 반대했으나 혐오감을 일으키는 나치 체제가 그가 머리를 써서 싸우게 만들었다. 오펜하이머는 만약 과학자들이 모두 함께 생각을 정기적으로 나눌 수 있고, 보안 걱정 없이 자유로이 의사소통을 할 수 있는 실험실에서 공동으로 일한다면 그 목표가 더 쉽게 달성될 수 있을 것이라고 제안했다. 그로브는 동의했다. 오펜하이머의 첫 번째 임무는 비밀 프로젝트에 합류할 일류 과학자들을 모집하는 것이었다. 그리고 그들에게 뉴멕시코 로스앨러모스의 외딴 불모지로 이사하여, 소년들의 기숙학교로 사용되던 기숙사에 머물러야 한다는 것을 설득시켜야 했다. 군대는 즉각 엄격한 신원 보장 시험을 통과해야만 하는 15,000명의 과학자들과 직원 그리고 그들의 동반 가족들 3,000명

모두에게 거처를 마련해 주기 위해 작은 마을을 만들었다.

오펜하이머를 지휘자로 택한 것은 탁월한 선택이었다. 그는 국가 최고의 지성들을 매료시켜 공동 목표를 향해 매진하도록 고무시키는 능력이 있었다. 그는 자신있게 여러 가지 일을 벌여 나갔다. 민주적인 지휘체계를 갖추고, 주별로 진행 토론과 그룹 리더를 위한 브레인스토밍 시간을 조직화했으며, 관련된 과학자들을 위한 정기적인 세미나를 신설했다. 네 가지 주요 분야는 실험물리학, 이론물리학, 화학 야금학 그리고 군수품이었다. 오펜하이머는 각각의 영역에 대한 기술적 정보를 충분히 파악했다. 연구자들은 그들의 지도자를 '언제 어디에나 나타나고, 회의에 들어가자마자 즉시 필요한 것을 파악하여, 목적 완수를 위해 올바른 방향으로 무리를 움직이도록 시동을 거는 초인적인 능력을 가진 존재'라고 표현했다. 그는 존경받는 동경의 대상이었으나 그가 짊어진 엄청난 책임감은 그 대가를 치르고 있었다. 심한 압박감으로, 키가 180cm인 그의 몸무게가 50kg까지 줄었다. 정부에서는 여전히 상상 속에서만 존재하고 있을 뿐인 폭탄을 시험할 최종 기한까지 정해 놓고 압력을 가했다. 실질적으로 절박한 문제 하나는 실험을 위한 방사능 물질의 공급이 충분하지 않아 팀이 지나치게 이론적인 계산에만 의존해야만 한다는 것이었다. 오크 리지, 테네시 그리고 하노버, 워싱턴에 있는 공장들은 핵분열 물질우라늄과 플루토늄을 충분히 공급하기 위해 24시간 가동 중이었다. 우라늄-235는 정제하기가 어려웠고, 플루토늄의 생산은 지체되고 있었다.

또 다른 어려움은 매우 강력한 폭발을 만들 핵분열 반응의 시작을 어떻게 조절할지를 해결하는 것이었다. 특정한 질량 상태에 이르면 핵분열이 일어나는 물질 내부에서, 빠져나가는 중성자의 질량을 보충하기 위해 핵반응이 일어나게 되는데, 이때의 질량을 임계질량이라 한다. 오펜하이머는 핵분열 연쇄 반응을 유지하는 데 필요한 임계질량을 계산해내었고, 임계질량을 조합하는 방법을 알아내기 위해 고군분투했다. 폭탄을 터뜨리기 위해서는 합쳐지면 임계질량을 초과하도록, 계산된 임계질량보다 가벼운 두 질량이 합쳐져야 했다. 이것은 초기 분열에서 방출된 에너지가 질량을 나누거나 연쇄반응을 종결시키지 않도록 굉장히 빨리 이루어져야만 했다. 임계질량 이하의 질량을 재빨리 병합하는 방법 중 하나는 발포식 합체법이었다. 그것은 총에서 나가는 총알처럼 핵분열 물질을 목표 질량이 되도록 쏘아 넣는 것을 말한다. 두 번째 방법은 내부 폭파 방법이었다. 핵분열물질은 인화성 화학물질들로 둘러싸인 속이 빈 공 같은 모양으로 되어 있다. 폭발이 일어나 화학물질들이 터지면 핵분열물질에 충격이 가해지고, 밀도가 높아지면서 임계 질량에 도달하게 된다(임계 질량은 전체 질량뿐 아니라 농도에도 좌우된다). 내부폭파 방법은 핵분열물질 중심 주위로 폭발을 균등하게 분배하는 극도로 어려운 공학적 작업을 요구했다. 오펜하이머는 과학자들에게 두 방법으로 진행하도록 했고, 긍정적인 보고서를 기다렸다. 팀에서 우라늄 폭탄은 연쇄반응을 시작하기 위해 보다 단순하나 세련되지 못한 발포식 방법을 사용할 필요가 있는 반면 플루토늄 폭탄은 더 능률적인 내부 폭파 방법으로 결정했다. 결국 맨해튼 프로젝트는 두 개의 플루토늄 '팻맨' 폭탄과 한 개의 우라늄 '리틀보이' 폭탄을 만들었다.

세계 최초의 원자폭탄은 1945년 6월 16일 뉴멕시코의 앨러머고도 모래 사막 위에서 폭파되었다. 목격자들은 동틀 무렵 하늘이 태양 1,000개보다 더 밝게 비추었다고 진술했다. "나는 죽음이다. 나는 세계의 파괴자다."라는 힌두교 경전의 말씀이 오펜하이머의 마음에 와 닿았다. 로스앨러모스 집단은 그 짧은 기간 동안 표면상 능가할 수 없는 과업을 완수한 데 대해 의기양양했다. 두려움이 무서운 현실이 되어버려 비록 짧은 시간이었지만, 제일가는 과학자들이 유능한 지도력으로 뭉쳐 공동 연구한 결과는 실로 멋진 것이었다.

1945년 5월 7일 독일이 항복했다. 그러나 슬프게도 일본은 아니

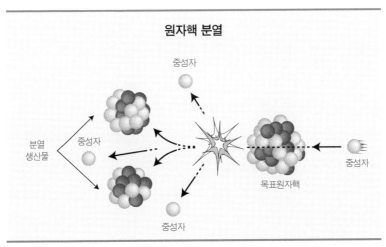

원자핵 분열

중성자

분열
생산물

중성자

중성자

목표원자핵

중성자

중성자

핵분열 중에 원자는 더 작은 물질 두 개로 쪼개진다. 그리고 두세 개의 중성자가 방출된다. 그들이 가까운 원자핵에 의해 포획되면 연쇄 반응이 일어난다. 그 과정에서 원래의 질량은 에너지로 변환된다.

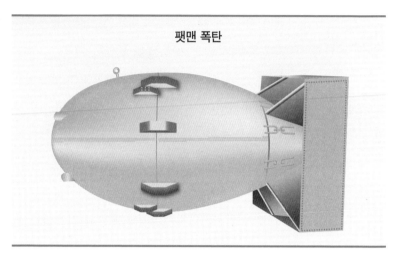

팻맨 폭탄

생긴 것 때문에 '팻맨'이라고 명명된 플루토늄 폭탄은 높이가 3.7m, 폭이 1.5m 그리고 무게는 4,500kg이었다.

었다. 정부에서는 일본을 상대로 원자폭탄을 사용해야 하는가에 대한 의견을 4인의 과학자(오펜하이머, 로렌스, 페르미 그리고 아서 콤프톤)로 구성된 위원회에 요청했다. 벌써 수백만이 전쟁에서 희생되어 왔고, 만약 연합국들(미국, 소련, 영국, 프랑스, 그리고 중국)이 군사 침공을 계속한다면 추가 백만 명이 희생될 것으로 예상되었다. 이러한 가정 하에, 위원단은 폭탄 사용 쪽으로 가닥을 잡았다. 트루먼 대통령의 명령에 따라, 1945년 8월 6일 폭격기 '에놀라 게이'는 히로시마에 우라늄 폭탄 '리틀 보이'를 투하하여, 도심 중심부 13km²을 파괴하고 2십만 명 이상의 생명을 앗아갔다(9만 명에서 16만 6천여 명이 4개월 안에 사망했고 이후 5년간 20만 명 이상이 희생됐다-편집자 주).

일본은 완강하게 항복을 거부했다. 8월 9일에는 '팻맨'이 나가사

키에 투하되어 더 많은 이들이 죽었다(4만 명에서 7천여 명이 핵 폭탄의 여파로 즉시 사망했고, 1945년 말에는 희생자 수가 8만 명에 이르게 된다-편집자 주). 이후 방사능 효과로 더 많은 이들이 죽었다. 일본은 1945년 8월 14일 연합국에 항복했다. 그 전쟁은 17만 명의 군인들과 수백만이 넘는 민간인이 희생된 후에야 비로소 종지부를 찍을 수 있었다. 오펜하이머는 어떤 무서운 잘못을 저지른 것 같은 느낌이 들었다. 그는 트루먼 대통령에게 자신이 수많은 죽음에 책임을 느낀다고 인정하며 프로젝트에서 사임했다. 그는 그동안의 공을 인정받아 그로브 장군으로부터 감사패를 받았고, 1946년 대통령 공로 훈장을 받았다. 그 후 그는 교편을 잡기 위해 칼텍으로 돌아왔다.

애국심에 대한 의문

전쟁 기간 동안, 소련과 미국은 강대국으로 성장했다. 전후 우호적이던 연합은 악화되었고, 냉전이 도래했다. 미국은 소련이 전 세계에 공산주의를 확장시키는 것을 두려워했고, 공산당과 관련 있는 자는 누구든 의심했다. 오펜하이머는 잠재적인 미래의 핵무기 사용을 대단히 걱정하게 되었고, 핵무기 확산을 중지시키기 위해 자신의 힘으로 할 수 있는 노력을 다하며 정부의 최고위 과학 자문가로서, 세계 평화를 확고히 하기 위해 원자 에너지 개발에 대해 엄격한 국제적 제한을 요구하는 에치슨-릴리엔탈 보고서 작성을 도왔다. 수정을 거쳐 연합 국가들에 제안된 그 계획은 소련에 의해 거부당했

핵 폭발. 뉴멕시코 위로 보이는 버섯구름은 원자폭탄 시대의 상징이 되었다.

다. 1947년, 그는 원자력위원회 일반자문위원회 의장으로 임명되었다. 그 자리에서 1952년까지 그는 민간의 통제하에 원자력 개발이 이루어져야 한다고 주장했다.

오펜하이머는 1947년에 프린스턴 대학의 고등연구소장이 되었다. 그 연구소는 지적인 두뇌 집단이었고, 알베르트 아인슈타인을 포함한 몇몇 저명한 과학자들이 그곳에서 연구했다. 오펜하이머의 리더십은 그 센터를 이론물리학 연구소뿐 아니라 인문과 사회 과학 연구의 메카로서 명성을 확대시켰다. 하지만 불행하게도, 그는 더 이상 그 자신의 연구를 수행할 시간은 가지지 못했다. 그는 원자력 에너지 조절과 과학 정책의 단골 강사였다.

트루먼 대통령은 오펜하이머가 개발을 이끈 폭탄보다 수백 배나 더 강력한 수소폭탄의 개발을 촉구했다. 공개적으로 수소폭탄 개발을 반대하여 미국인들의 생각에 광범위하게 영향을 주는 여론을 형성한 오펜하이머는 많은 고위 공직자들의 심기를 불편하게 만들었다. 1953년 12월, 배신 의혹을 받아 오펜하이머의 기밀취급허가는 철회되었고 그것은 더 이상 기밀정보에 접근할 수 없음을 의미했다. 그는 기밀취급허가를 되찾기 위해 거의 모의재판에 가까운 청문회에서 맞섰다. 그는 버클리 시절 공산당원들과 관계를 가졌음을 인정했다. 그러나 그 당시 소련은 미국의 동맹국이었고, 많은 미국인들이 공산주의자들과 관계가 있었다. 그는 충성심에 의혹을 받는 상황에서 공산당과의 관계나 수소폭탄 개발에 반대하는 이유를 설명할 기회를 거의 갖지 못했다.

흥미롭게도, 과거 공산당 당원들과의 관계는 당시 그를 맨해튼 프로젝트의 수장으로 임명했던 정부에 의해 드러났다. 오펜하이머뿐 아니라 그의 변호사 또한 청문회에 증거로 제시된 오펜하이머의 몇 년 전 메모를 포함한 어떤 문서에도 접근할 수 없었다. 그의 전화는 불법으로 도청 당했고, 정부는 그의 변호사와의 사적인 대화까지도 입수했다. 오펜하이머의 기밀취급허가 철회 결정은 심지어 3주에 걸친 청문회가 시작되기도 전에 결정된 것으로 밝혀졌다. 오펜하이머의 몇 년에 걸친 군사상 노력과 성공에 대한 공은 망각되어 버린 듯했다.

결국 소련과 정보를 나누었다는 어떤 정보도 발견되지 않았지만 그의 기밀취급허가는 1954년 4월 성격상 결함이 추정된다는 이유로 철회되었다.

낙담한 오펜하이머는 고등연구소 소장으로 일하기 위해 프린스턴으로 돌아갔다. 그리고 그의 애국심을 확신하는 동료들로부터 엄청난 지지를 얻었다. 그는 강의를 계속했고, 1953년에 쓴 《과학과 일반적인 이해》라는 영향력 있는 책을 포함하여 과학과 문화 간의 관계에 관한 글을 썼다. 1963년 조정 조례로 대통령 린던 B. 존슨은 오펜하이머에게 원자력에너지위원회로부터 엔리코 페르미상을 수여했다. 비록 정부로부터의 직접적인 사과는 아니었지만 그것은 그가 나라를 위해 행한 많은 의미 있는 공헌들과 희생을 공적으로 인정하는 것이었다.

1966년 오펜하이머는 후두암을 진단받아 연구소에서 은퇴했다.

1967년 2월 18일, 62세에 뉴저지 주 프린스턴에서 사망했다.

오펜하이머는 일찍이 양자 이론의 대가가 되었고, 새로운 젊은 이론물리학자 세대의 길잡이가 되었다. 연구자로서 그는 입자물리학 영역에서 의미 있는 진보를 이룩했고, 다른 많은 분야에도 공헌했다. 원자폭탄의 설계와 제작의 총책임자로서 그는 세계에서 가장 가공할 만한 무기를 제조함과 동시에 세계에서 가장 잔인한 전쟁을 종식시키기 위해 재능을 사용했다. 맨해튼 프로젝트에 연루된 후에 그의 개인적인 물리학 연구는 축소되었다. 그러나 공적인 인물로서 그리고 정부의 최고위 과학 자문가로서 그는 물리학 연구와 그의 인생의 업적이 된 과학 정책에 지속적으로 영향력을 행사했다.

엔리코 페르미

이탈리아의 물리학자 엔리코 페르미는 타고난 이론과 실험물리학자였다. 1901년 9월 29일 로마에서 태어난 그는 조숙한 학생이었고, 20세에 피사 대학에서 물리학 박사학위를 취득했다. 괴팅겐 대학의 맥스 본과 네덜란드 라이덴 대학의 물리학자인 폴 에렌페스트와 연구를 수행한 뒤 그는 플로렌스 대학의 수리물리학과 역학 강사로 이탈리아에 돌아왔다.

페르미는 파울리의 배타원리를 기체원자에 적용한 논문을 출판했다. 파울리의 배타원리는 같은 원자 안에 있는 2개의 전자는 같은 양자수를 가지지 않는다는 것이다. 1927년에 페르미는 로마 대학 이론물리학과의 교수가 되었고 1938년까지 재직했다. 그는 중성자가 부서져서 양자와 전자가 되는 방사성붕괴의 형태인 베타 붕괴로부터 기인한 약한 힘의 존재를 제시했다. 아이린 프레드릭 졸리오-퀴리가 인공 방사능을 발견한 후, 페르미는 방사성 동위원소를 만들기 위해 원자핵에 충격을 가할 때 알파 입자(두 개의 양자와 두 개의 중성자로 구성된 양으로 대전된 입자)보다 중성자를 사용하는 방법을 사용했다. 그는 저속 중성자(낮은 에너지 중성자)가 고속 중성자보다 더 잘 작용한다고 결론짓고, 이 기술을 사용하여 37개의 다른 방사성 동위원소를 만들어낼 수 있었다. 그가 저속 중성자로 우라늄 원소에 충격을 주었을 때, 그도 모르는 사이에 원자핵이 쪼개지면서 엄청난 양의 에너지가 방출하는 핵분열을 완성했다.

1938년, 오스트리아의 물리학자 라이즈 메이트너와 그녀의 조카 오토 로버트 프리쉬는 핵분열 이면의 이론을 설명했다. 그해, 페르미는 〈중성자 방사선 요법으로 생산된 새로운 방사성 원소 존재의 증명〉과 〈저속 중성자에 의한 핵반응이 가져온 연관된 발견〉으로 노벨 물리학상을 받았다. 스톡홀름에서 상을 받고 난 즉시, 그는 미국으로 망명하여 베니토 무솔리니의 파시스트 독재정권에서 벗어났다. 미국에서 그는 컬럼비아 대학의 물리학과 교수가 되었고, 맨해튼 프로젝트에 참가하도록 모집되었다.

1942년 시카고 대학에서 연구할 당시, 그가 이끄는 물리학자 팀에서 최초로 지속적인 핵분열 반응을 완성하는 데 성공했다. 그는 핵분열 동안 몇 가지 원자 성분이 순수한 에너지로 바뀌는 것을 발견하고 놀랐다. 페르미는 또한 중성자를 풍부한 수소를 통과하게 하면 중성자의 속도가 늦어지게 되고, 충격 능률이 높아진다는 것을 발견했다.

1944년에 그는 로스앨러모스로 이주했고, 미국에 귀화했다. 그리고 중요한 문제들을 해결한 맨해튼 프로젝트의 'F' 부서를 인솔했다. 전쟁 후에, 페르미는 시카고 대학으로 돌아왔고 물리학의 찰스 H. 스위프트 명예 교수가 되었다. 그는 물리학과 맨해튼 프로젝트에 대한 공을 인정받아 많은 훈장과 상을 받았다.

페르미는 1928년 로라 카폰과 결혼하여 두 자녀를 두었으며 1954년 11월 28일 위암으로 사망했다. 그가 타계한 후 얼마 되지 않아, 그는 원자력 에너지 위원회로부터 최초의 엔리코 페르미 상의 수상자가 되었다. 원자 번호 100, 페르뮴 원소는 그를 기리기 위해 명명되었다.

연 대 기

1904	4월 22일 뉴욕 주 뉴욕에서 출생
1925	하버드 대학에서 학사 학위 취득. 케임브리지 대학에서 J. J. 톰슨 경과 함께 연구 시작
1926	케임브리지 철학 학회 회보에 〈양자론의 진동 회전 대〉와 〈양자론에서 두 물체의 문제〉라는 논문 두 개를 발표. 맥스 본의 지도 하에 박사 논문을 완성하기 위해 괴팅겐 대학으로 옮김
1927	본과 함께 〈분자의 양자 이론〉 발표. 괴팅겐 대학에서 이론물리학 박사 학위 취득
1928~29	네덜란드의 레이든과 스위스의 취리히에서 박사 후 연구 수행
1929~42	세계적 수준의 이론 연구 센터를 설립한 버클리의 캘리포니아 대학과 칼텍에서 동시에 연구하고 가르침. 입자 물리학으로부터 우주의 광선에 이르는 연구 수행
1942	레슬리 그로브 장군이 원자폭탄을 만드는 미국 맨해튼 프로젝트의 총책임자로 오펜하이머 선발

1945	7월 오펜하이머의 팀이 성공적으로 뉴멕시코 앨러머고 도에서 플루토늄 폭탄 시험. 8월에 미국이 히로시마와 나가사키에 폭탄을 투하하여 2차 세계대전이 종료되어 오펜하이머 칼텍 교수로 돌아옴
1946	전쟁 중 노력에 대해 대통령 공로 훈장 수여
1947	프린스턴 대학의 고등 연구소 소장으로 명명됨. 미국 원자력위원회 일반 자문위원회 의장으로 임명
1953	배신 의혹하에 오펜하이머의 기밀취급허가 철회. 오펜하이머의 책《과학과 일반적인 이해》출판
1954	안보 청문회는 그에 대한 혐의를 밝히는 데 실패. 공직에서 해고당함
1963	대통령 린던 B. 존슨이 오펜하이머에게 물리학에 대한 뛰어난 공헌에 대해 원자력에너지위원회의 엔리코 페르미 상 수여
1966	고등연구소 사임
1967	뉴저지 주 프린스턴에서 2월 18일 후두암으로 사망

농약 남용이 초래하는
위험을 경고한 책,
《침묵의 봄》을 집필하여
환경운동의 선구자가 된
레이첼 카슨

Chapter 6

환경운동의 선구자,

레이첼 카슨

Rachel Carson
(1907~1964)

과도한 살충제 사용의 위험성

1854년 헨리 소로는 생명이 있는 지구의 일부분인 인간과 자연의 조화를 아름답게 표현한 책, 《월든-숲속의 삶》을 통해 전 세계를 감동시켰다. 10년 후, 헤켈은 생태학^{ecology}이라는 용어를 처음 사용했고, 리처드는 과학의 새 분야로서, 생물 상호간의 관계와 생물과 환경 간의 관계를 규명하는 학문인 생태학을 수립했다. 벌목꾼들이 2천 년이나 된 숲을 무자비하게 파괴하는 것을 보고 격분한 존 무어는 1892년에 시에라 네바다 산맥의 산림을 보존하기로 마음을 먹고, 시에라 클럽을 만들었다. 1900년대 중반까지, 레오폴드는 지구 생태계^{ecosystems}의 자연적인 균형과 다양성을 계속 지속하기 위해 노력해야 된다는 내용으로 수많은 논문을 발표했다. 이렇듯 많은 사람들이 환경보호를 주장하기 시작하면서 레이첼 카슨이 환경운동을 할 수 있는 무대가 마련된 것이다. 레이첼 카슨은 수줍음은 많았지만, 용감한 여성이었다. 저명한 해양 생물학자이자 작가인 레이첼 카슨은 대표작인 《침묵의 봄》을 비롯하여 네 권의 책을 남겼다. 《침묵의 봄》은 무분별한 살충제^{pesticide} 사용이 가져올지도 모를 위험한 결과를 경고한 책이다. 레이첼 카슨은 일반인들도 과학 지식을 이해하기 쉽게 전달하는 재능이 있었다. 그래서 그녀가 쓴 책은 많은 사람들이 환경운동을 실천하는 계기가 되었다.

> 생태학 살아 있는 생물과 그를 둘러싼 환경 사이의 상호작용을 다루는 학문
>
> 생태계 생물적인 요인과 무생물적인 환경으로 이루어진 전체 군집
>
> 살충제 곤충과 같은 해충을 죽이기 위해 사용하는 모든 약제들(특히 농약).

작가의 출현

레이첼 카슨은 1907년 5월 27일 펜실베니아 주 스프링데일에서 태어났다. 아버지 로버트 카슨은 부동산과 보험 영업을 했고, 지역 설비회사에서도 일했다. 어머니 마리아 카슨은 전직 교사였다. 부모님은 자녀들에게 서서히 자연을 사랑하는 마음을 심어 주었다. 넓은 농장에 살면서 레이첼은 오빠, 언니와 함께 새소리를 듣고 사과 과수원도 산책하고 자연을 탐험하면서 유년기를 보냈다. 학교를 다녔지만, 친구들과 노는 것보다 책을 읽거나 어머니와 함께 보냈다. 그녀에게 어머니는 평생 좋은 친구였다.

레이첼은 뭐든 가리지 않고 읽었지만, 특히 자연과 동물에 관한 책 읽기를 좋아했다. 1918년에 그녀는 젊은 작가들의 작품을 출판하는 문학잡지 〈니콜라스〉에 소설 한 편을 출품했다. 《구름속의 전투》라는 제목의 소설로 독일군에게 저격당한 젊은 파일럿의 고투를 그린 작품이었다. 그리고 그 이듬해까지 두 편이 더 게재되었다.

당시는 10학년까지 공립학교를 마치면 더 이상 진학하지 않는 것이 일반적이었다. 그러나 그녀는 부모님의 동의하에 학업을 지속하기 위해 강 건너 파나서스 고등학교에 입학했다. 1925년 고등학교 졸업 후에는 펜실베니아 여자 대학에 입학했다. 글쓰기를 즐겨했던 그녀는 영문학을 전공하기로 결심했다.

그 무렵 아버지가 이익을 남기려고 투자한 농장의 땅값이 맞은편에 들어선 화학 공장 때문에 폭락해 버렸다. 어머니는 부업으로 계란과 과일을 팔기도 하고 이웃들에게 피아노를 가르치기도 했지만, 대학등록금 마련은 힘들기만 했다. 레이첼은 약간의 장학금을 받았지만 결국 수업료를 내기 위해 가보로 내려온 도자기를 팔아야만 했다. 집을 떠나서 사는 것에 어느 정도 적응된 후에, 그녀는 농구, 필드하키, 학생신문, 그리고 문학 잡지 같은 과외 활동에 참여했다. 여름철에는 돈을 벌기 위해 학생들을 가르쳤다.

생물학

레이첼의 전공은 영문학이었지만, 2학년이 되어 교양 과목 학점 이수를 위해 신청한 생물학이 인생의 전환점이 되었다. 동식물과 자연에 대해 배우는 것은 어린 시절 그녀를 사로잡았던 즐거움을 일깨워 주었다. 몇몇 생물 과목을 더 수강한 후에 레이첼은 전공을 생물학으로 바꾸었고 1929년에는 우등으로 대학을 졸업했다.

카슨은 졸업한 해 여름에 매사추세츠 우즈홀에 위치한 해양생물 연구소에서 인턴으로 일했다. 그곳에서 그녀는 처음으로 바다를 보았다. 현미경으로 바다 생물$^{ocean\ organisms}$의 조직표본을 조사하고, 거북이의 신경을 연구하면서 그녀의 해양생물에 대한 관심은 더욱 커져만 갔다.

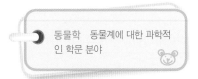

그해 가을 그녀는 존스 홉킨스 대학에서 전액 장학생으로 해양 동물학^{zoology}을 연구하게 되었다. 그녀의 가족은 대공황의 여파로 농장 운영을 포기하고, 메릴랜드로 이사하여 카슨과 같이 생활했다.

석사학위 논문 〈메기의 배아기와 초기 유생기에 일어나는 배설기관의 발달〉을 준비하는 내내 카슨은 가족을 부양하기 위해 실험실 조교로 일하며 존스 홉킨스의 기초 동물학 강의를 했고, 칼리지 파크의 메릴랜드 대학에서도 다른 강의를 했다. 메기의 전신^{Pronephros}은 영구 신장으로 교체되기 전 11일 동안 기능하는 임시 신장이다. 1932년 동물학 석사 학위를 받은 후에 그녀는 존스 홉킨스와 메릴랜드 대학에서 강의를 계속했다. 존스 홉킨스에서 박사 과정을 시작했으나, 1935년에 아버지가 돌아가신 후로는 어머니를 경제적으로 책임져야만 했다.

두 분야의 결합: 과학과 글쓰기

1929년에 카슨은 우즈홀에서 만난 엘머 히긴스의 연락을 받았다. 그는 워싱턴 D.C. 수산국의 과학 조사부 부장이었다. 그리고 물속의 로맨스라는 라디오 프로그램의 원고를 맡고 있었다. 카슨은 이 일을 도왔는데, 재미와 정보를 동시에 주는 그녀의 원고는 그의 기대를 능가했다. 그녀는 1936년에 정부 직원이 되기 위해 본 공무원 시험에서 최고 성적을 받았고, 하급 수상 생물학자로 채용되었다. 라디오에 방송된 내용을 담은 소책자를 발간하기로 했을 때, 카슨의 상사는 일반적인 개론서를 요구했고, 그녀는 당장 작업하여 제출했다. 상사가 보기에 그녀가 쓴 글은 정부에서 발간한 소책자의 내용 치고는 너무 문학적인 감이 있어 〈월간 대서양〉이라는 잡지에 실어 볼 것을 제안했다. 그녀는 다시 내용을 손본 후에 마침내 출판이 허락된 《해저》라는 작품을 제출하게 되었다. 그녀는 글쓰기를 무척 즐겼고, 긍정적인 반응에 고무되어 볼티모어 일요잡지에 자연사에 관한 글을 쓰기 시작했다.

《해저》를 읽은 사이먼과 슈스터 출판사의 편집장은 즉시 카슨에게 해양과 바다 생명체에 관한 완전한 한 권의 책으로 그 글을 출판할 것을 부탁했다. 카슨은 생물학과 마찬가지로 글쓰기를 사랑했다. 서로 다른 두 경력 사이에서 선택을 강요당하지 않아도 된다는 사실이 그녀를 흥분시켰다. 그녀는 여전히 수산국에서 직장생활을 하면서 책 쓰는 작업을 진행했다.

카슨은 완벽주의자였기에 《해풍 아래》라는 위대한 작품을 탄생시킬 수 있었다. 그녀는 바다 생물에 대한 흥미를 떨어뜨리지 않으면서 독자들을 가르치기 위해, 동물들의 관점에서 이야기를 풀어 나갔다. 그녀는 조사하고, 쓰고, 또 새로 쓰면서 모든 단어를 신중하게 결정했다. 책은 바닷가의 생물, 바다 위의 생물, 바다 밑의 생물 이렇게 세 부분으로 나뉘었다. 논픽션이었지만, 그녀는 바닷새와 해양 동물들의 이야기로서(과학적 이름에 근거하여) 각각의 이름을 지어 주고, 마치 사람처럼 성격도 부여했다. 그들의 습성과 매일 되풀이하는 일과도 적었다. 모래 벌레들과 게를 파도치는 해안에서 찾는 도요새 부부, 실버바와 블랙풋, 그물에 잡혔다가 간신히 달아난 고등어 스콤버, 바다로 여행을 떠나는 뱀장어 앵귈라 등이 주인공이었다. 그녀의 노력은 1941년 책이 출판되자 결실을 맺었다. 평론가들은 과학을 일반 독자들도 이해하기 쉽게 그려낸 그녀의 능력을 칭찬했다. 그러나 책을 발매한 시기가 문제였다. 일본이 12월에 진주만을 공격했고, 미국이 2차 세계대전에 휘말리기 시작하자, 사람들은 환상적인 바다 생물 이야기나 읽고 있을 여유가 없었기 때문이다.

카슨은 실망했다. 글을 쓰는 시간이 아깝다고 느꼈다. 당시 그녀는 어머니와 언니가 죽은 후 남겨진 두 조카들을 부양하고 있었고, 맹장염과 대상포진에 걸린 자신의 건강도 회복해야 했다. 1940년에 수산국은 미국 생물학 조사국과 합병하여 미국 어류와 야생동물 서비스[FWS]를 만들었다. 직장에서 카슨은 어류에 대해 사람들을 교육하고 기근 시기에 단백질의 대체 식량으로 생선 소비를 촉진시키기 위해 〈보존[conservation]〉이라는 보고서를 써서 전쟁에 공헌했다. 또한 대중 잡지에 자연

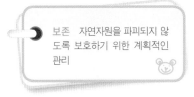

보존 자연자원을 파괴되지 않도록 보호하기 위한 계획적인 관리

에 관련된 기사를 지속적으로 투고했다. 1949년까지 카슨은 FWS 출판물의 최고 편집자로 승진했고, 여생을 보내게 되는 실버 스프링으로 이주했다.

위대한 성공

비록 첫 번째 책의 부진한 판매로 인한 좌절감을 잊을 수 없었던 카슨이지만, 〈행동으로 보존하기〉라는 국가적인 야생동물 보호에 관한 FWS 소책자 시리즈 작업을 마친 후에 일반 독자를 위한 해양의 일대기를 다룬 책을 쓰고 싶은 열망이 생겼다. 유진 F. 색스톤 기념 연구비를 받은 그녀는 FWS의 일에 시간적으로 구애받지 않고 조사에 전적으로 몰두할 수 있었다. 해양에 관련된 일을 하는 사람과 인터뷰를 하고, 기술 논문을 읽기 시작했으며, 과학 전문 용어를 이해하기 쉬운 말로 바꾸는 데 착수했다.

그녀의 목표는 해양생물학과 자연과학의 해양학 부문이 융합할 때 벌어지는 대양의 경이로움을 묘사하는 것이었다. 그녀는 지구와 바다의 기원을 요약하면서 시작했고, 고대 지구의 역사와 첫 생명체의 출현으로 이야기를 이어 나갔다. 해양지질학 분야의 개요를 쓰고, 바다의 계절 변화를 묘사했으며, 다른 해양 지대 안에서 생명체 분류의 윤곽을 마련했다. 그 책은 전쟁 중에 수집된 조류와 파도, 해류의 비교적 새로운 정보를 단순하게 요약했다. 본문에서는 생태학과 먹이사슬 food chains 개념, 생물공동체에서 생물들의 상호의존성

먹이사슬 음식물이 가진 에너지가 영양 단계를 따라 이동해 가는 경로. 식물과 작은 유기체는 좀더 크고 강한 개체에 잡아 먹히고, 그 개체는 그보다 강한 개체에 잡아먹히게 됨

을 소개하고, 현미경으로밖에 볼 수 없는 원생동물로부터 거대한 물고기에 이르기까지 바닷속의 그 어떤 생명체 중 하나라도 중요하지 않은 것이 없음을 강조했다. 또한 바다에서 발견되는 갖가지 형태의 광물들과 석유에서 잠재적인 경제력을 지적했다. 어떤 의미에서는 왜 모든 자연은 보존될 가치가 있는지를 보여 줌으로써 이후에 그녀가 《침묵의 봄》을 통해 독자들이 받아들이기를 원했던 생각을 언급하고 있었다.

그녀의 원고는 발매되기도 전에 〈예일 리뷰〉, 〈사이언스 다이제스트〉, 〈네이처〉, 〈뉴요커〉 등의 잡지를 통해 발표되었다. 1951년에 출판된 《우리 주변의 바다》는 2주 만에 〈뉴욕 타임스〉 베스트셀러 목록에 오른 후, 무려 86주나 머물러 있었다(그중 39주 동안은 1위를 기록했다). 이 책은 즉시 1952년에 논픽션 부분 내셔널 북 어워드를 수상했고, 〈뉴욕 타임스〉 크리스마스 투표에서 올해의 우수도서로 선정되었다. 카슨은 문학성이 탁월한 자연사 책을 써서 존 버러 메달을 받았다. PCW와 오버린 대학은 명예박사 학위를 수여했고 국립문예학술원은 그녀에게 회원자격을 주었다. 《해풍 아래》는 재발매되자 베스트셀러 목록에 올랐다. 이 두 권의 책에서 나오는 인세로 더 이상 정부에서 일을 하지 않아도 되었기 때문에 1952년에 사직을 한 그녀는 전업 작가의 길을 가게 되었다. 그녀는 메인 주 웨스트 사우스포트에 땅을 매입했고, 바다 전망이 무척이나 아름다운 여

름 별장을 지었다. 그곳에서 엄마와 조카와 함께 여름을 보낸 그녀는 물속을 헤엄쳐 다니며 바다 생물을 찾아다녔다.

바다 생명체들의 삶과 바다의 자연과학적인 면을 탐구한 책을 출판하고 나자 그녀는 미국 대서양 연안에 사는 동물들을 위한 안내서를 쓰고 싶은 생각이 들었다. 그녀는 구겐하임 재단에 연구비를 신청해서 받았기에 FWS로부터 또다시 시간을 낼 수 있었다. 그러나 다른 책들의 판매가 잘되어 직장을 그만두게 되자 연구비의 일부를 반환해야 했다. 그녀는 수년에 걸쳐 어떤 식으로 안내서를 정리할지 고민한 끝에 생태계를 통해 체계화하기로 결정했다.

첫 번째 부분은 뉴잉글랜드 바위 연안의 생물에, 두 번째 부분은 중부 대서양 모래 해안 생물에, 세 번째 부분은 남부의 산호 사주와 홍수림 생물에 할애했다. 1955년에 출판된 《바닷가》라는 제목의 그녀의 세 번째 책 역시 베스트셀러가 되었다. 미국의 국가여성위원회에서는 올해의 우수도서로 지정했고, 미국여자대학협회는 카슨에게 성취상을 수여했다.

다음 해, 카슨은 아이들에게 자연 사랑을 가르치는 방법을 제안하는 기사를 썼다. 〈당신의 아이들이 경탄하게 도우세요〉라는 기사는 〈여성들의 생활 동반자〉에 발표되었다. 이 글은 1965년 카슨의 사후에 《경이감》이라는 책으로 개작되어 출판되었다.

《침묵의 봄》이 준 위협

카슨은 결혼은 하지 않았지만, 몇몇 절친한 관계의 여성들로부터 지원과 격려, 조언을 받았다. 그들과 주고받은 많은 편지가 보존되어 있다. 올가 오웬스 허킨스라는 한 친구는 매사추세츠에서 〈보스턴 해럴드〉 편집자에게 보낸 모기 관리 프로그램에 관한 불만을 복사본으로 카슨에게 보냈다. 그녀는 조류보호구역인 집 뒷마당에서 14마리의 죽은 새를 발견하고 편지를 썼다. 그녀는 그 새들이 살충제 때문에 죽었다고 믿었다. 그 새들은 발톱으로 가슴을 꽉 움켜 쥔 상태로, 고통으로 몸부림치며 죽어간 것처럼 부리는 벌어져 있었다. 카슨은 이 무서운 시나리오를 행동의 신호로 간주했다.

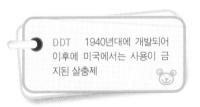

DDT   1940년대에 개발되어 이후에 미국에서는 사용이 금지된 살충제

10년 이상 화학 회사들은 디클로로디페닐트리클로로에탄^{dichlorodiphenyltrichloroethane, DDT}이라 불리는 염화탄화수소, 일반적으로는 DDT라고 알려진 화학약품을 합성해 왔다. 스위스의 화학자 폴 허만 뮐러는 1948년에 살충효과가 있는 DDT를 발견하여 노벨 생리의학상을 수상했다. DDT는 파리, 이, 벼룩, 딱정벌레, 모기를 포함한 많은 유형의 해충들을 박멸하는 데 효과가 있는 것으로 알려졌다. 추후 연구를 통해 살충제 사용이 사람에게 안전하다는 것을 밝혔고, 2차 대전 당시 질병을 전염시키는 벌레들을 죽임으로써 발진티푸스와 말라리아를 퇴치하는 데 사용되었다. 당시 사람들은 뮐러가 나방 살충제로 그것을 연구하다

디클로로디페닐트리클로로에탄(DDT)

1972년에 사용금지되기 전 30년 동안 미국 전역에 600만kg에 달하는 DDT가 사용되었다.

가 운 좋게 투여하기 좋은 물질을 발견했다고들 했다. 그러나 서서히 그 약품의 사용이 처음에 믿었던 것처럼 안전하지 않다는 내용의 과학 보고서들이 발표되기 시작했다. FWS에서 일하고 있던 카슨은 처음 그러한 보고서를 접했고, 1940년부터 흥미를 가지고 연구하기 시작했다.

미국 경제곤충학자협회는 1944년에 DDT의 잠재적인 부작용을 우려하는 논문을 발표했다. 그 논문은 해충뿐만 아니라 인간에게 유익한 익충도 죽인다고 지적했다. 예를 들면, 곡물을 좀먹는 해충을 죽이는 것과 동시에 식물의 꽃가루받이에 중요한 역할을 하는 곤충 역시 죽이는 것이다.

카슨은 과학 문헌들을 심도 있게 연구하면서 직접 영향 조사를 실시했다. 그리고 이를 통해 수정된 알들의 다수가 발생하거나 부화하지 않았고, 부화한 알들은 기형적인 동물이라는 것을 알아냈다. 조

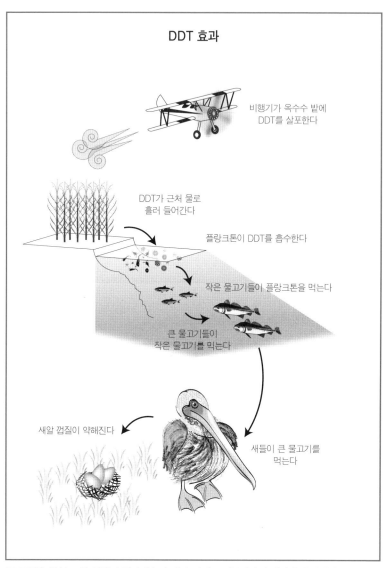

DDT 효과

비행기가 옥수수 밭에 DDT를 살포한다

DDT가 근처 물로 흘러 들어간다

플랑크톤이 DDT를 흡수한다

작은 물고기들이 플랑크톤을 먹는다

큰 물고기들이 작은 물고기를 먹는다

새알 껍질이 약해진다

새들이 큰 물고기를 먹는다

DDT 같은 독성 오염 물질이 먹이사슬의 상위 단계로 이동하면서 사실상 축적되어 돌이킬 수 없는 손실을 초래할 수 있다.

류의 수는 점차 감소하는 추세였고, 카슨은 DDT의 살포가 원인이라고 믿었다.

그녀는 DDT의 위험성에 관한 글을 출판할 잡지를 물색했다. 그러나 모든 잡지사들은 비록 카슨이 베스트셀러 작가라는 사실을 알고 있었지만, 논쟁의 여지가 분명한 글의 게재를 두려워했다.

카슨은 업계에서는 모든 해충박멸에 있어 기적의 해결책으로 통하는 이 화학제품의 위험을 낱낱이 밝히는 책을 또 쓰기로 결심했다. 휴톤 미플린의 편집자에게 쓴 편지에서 그녀는 안전하다고 알려진 살충제의 위험성을 드러내고, 믿을 만한 과학적 증거를 제시하겠다고 서약했다. 이 작업은 과학적 방법론과 과학적인 저술, 세포생물학 지식, 생리학, 생태학, 작물학, 유기화학과 생화학에 정통한 지식이 요구되었다. 비록 작가로 알려진 그녀였지만, 숙련된 과학자이기도 했다. 카슨은 자신이 이 일을 할 수 있는 능력이 있다는 사실을 편집자에게 확신시켰고, 증거를 모으기 시작했다.

처음에는 정부와 과학기구에서 카슨이 요구하는 정보를 기꺼이 제공해 주었다. 그러나 그녀가 증거를 모으는 이유를 알게 된 이후부터는 태도가 달라졌다. 그녀의 요구는 거부당하기 일쑤였고, 답변이 없는 경우도 많았다. 그녀는 연방 의회의 증언록을 조사했고, 수많은 의료, 농업 전문가들을 인터뷰했다. 1957년 DDT를 살포하여 매미나방을 박멸하는 것을 중단시키고자 하는 롱아일랜드 거주자들의 뉴욕 주에 대한 소송이 패소로 끝나게 되자 그녀의 의욕은 더욱 커졌다.

그녀의 책《침묵의 봄》은 중부 아메리카의 그림같이 멋진 한 마을을 배경으로 시작되는 가상 시나리오였다. 어느 날 갑자기 농장의 동물들은 앓기 시작했고, 농작물은 병들었으며 새들과 노래하던 벌레들 소리도 들리지 않게 되었다. 모두가 농약과 화학 비료 남용이 초래한 결과였다. 그녀는 토양과 물에 남아 좀처럼 사라지지 않는 농약과 제초제^{herbicides} 등 잡초를 죽이는 화학약품의 유독성에 관한 진실을 폭로했다.

카슨은 농사에 사용되는 농약의 장점 즉, 농작물 산출량 증가와 그에 따른 증대된 식료품 공급을 부인하지는 않았다. 그녀는 단순하게 물었다. "그 대가는?" 그녀는 모든 농약의 사용이 주의 깊게 측정되고 적당히 조절되기를 원했다. 그러나 DDT는 전적으로 사용 금지되어야 한다고 굳게 믿었다.

카슨은 먹이 사슬의 최하위에 있는 플랑크톤^{plankton} 같은 아주 작은 생물로부터 시작해서 작은 물고기, 인간에 이르는 모든 생명체에 축적된 위험한 화학 약품을 설명함으로써 토양에 남아 있는 화학 약품이 인간에게 직접 영향을 미치지 않는다는 주장을 못하게 막아 버렸다. 먹이사슬에 들어간 후에 DDT는 물에 용해되지 않고, 지방 조직에 축적되었고, 비축된 잔여물의 양이 점차적으로 농축되기 때문에 먹이사슬 최상층의 생물들은 가장 큰 위험에 처했다. 결과적으로 그들은 암에 걸릴 수도 있었고, 기대수명도 낮아졌다. 새들은 특별히 민감했다.

> **제초제** 원하지 않는 식물을 없애거나 성장을 저해하는 화학물질
>
> **플랑크톤** 대개 아주 미세해서 현미경으로 봐야 보일 정도로 작은 생물로 수면 가까이에 떠서 살아감

DDT는 칼슘 대사를 저해해서 알껍데기를 약화시킨다. 지구 생태계의 중요한 일부인 인간은 안전하지 않았다. 카슨은 살아 있는 세포에 DDT 독성을 시연했고, 벌레들이 내성을 키웠기 때문에 DDT 살포 프로그램이 효과가 없었다고 말했다. 이런 정보는 새롭지 않았다. 그러나 이전의 보고서들이 과학 잡지에서 발표되었고, 문제의 한 측면에 초점을 맞추었다. 그녀는 전체적인 개관을 알기 쉽고 간명하게 표현하여 이러한 정보들을 접근 가능하고 의미 있게 만들었다.

  카슨에게 그 시절은 그녀의 지루한 조사와 섬뜩한 보고서 만큼이나 개인적으로도 어려운 시기였다. 어머니와 조카가 세상을 떠났고, 쉰의 나이에 5살 난 조카의 아들을 입양했다. 아이를 돌보는 것은 그녀 자신의 일보다 더 많은 관심을 요하는 일이었다. 게다가, 그녀는 유방암 진단을 받고, 방사선 치료를 받는 중이었다. 1962년 1월, 그녀는 마침내 《침묵의 봄》 원고를 휴톤 미플린에 제출했다. 원고에는 주장을 뒷받침할 55페이지의 참고 자료까지 완벽하게 준비되어 있었다.

부정적인 반응 - 긍정적인 변화

《침묵의 봄》은 출간 후 두 주가 채 되지 않아 베스트셀러 목록 1위에 진입했다. 그녀의 비판적인 책이 출간되자 막대한 자금 손실 위기에 처한 화학, 농산업계는 격노했다. 농약 사용에 대해 제시된 압도적인 과학적인 증거를 무시할 수 없게 되자 그들은 인신 공격을 하기 시작했다. 카슨을 히스테릭한 여자라고 부르고, 그녀의 자격을 비난하기도 했다. 그러나 대중들은 책을 사서 읽었고, 그녀의 메시지를 가슴에 담았다. 그들은 의회 대표들과 정부기관에 항의 서신을 보냈다. 존 F. 케네디 대통령은 농약 사용의 긍정적인 면과 부정적인 면을 파악하기 위해 대통령 과학자문위원회에 특별위원을 임명해서 두었다. 1963년 5월까지 레이첼 카슨은 모든 의혹을 입증했다. 그녀는 국회에서 증인이 되어, 환경보호를 위한 새로운 정책들을 개발할 것을 간청했다. 위원회는 지속적인 독성 농약 사용 중지를 권고했다. 한 해 동안 카슨이 이 과학적 사실에 대해 대중과 정부를 교육시킨 결과 농약 사용을 규제하는 40개가 넘는 법안이 주의회를 통과했다. 10년 만에, 연방정부는 선례를 따랐다. 그 영향은 전 세계로 퍼져 나갔다. 미국에서는 1972년 DDT의 사용이 금지되었다.

환경과 생태운동의 선구자

레이첼 카슨은 1964년 4월 14일 메릴랜드 주 실버 스프링에서 암으로 사망했다. 그녀는 죽기 전에 야생동물연합의 올해의 자연보호론자, 오듀본 훈장, 동물보호협회의 슈바이처 훈장을 포함하여 수많은 상과 표창을 받았다. 1969년에 내무부는 메인 주 연안 보호구역의 이름을 레이첼 카슨 국가야생동물보호구역으로 바꾸었다. 1980년, 그녀는 사후에 지미 카터 대통령의 대통령 자유 훈장을 받았다. 그러나 무엇보다 그녀를 만족시킨 상은 셀 수 없이 많은 동물들을 지킬 수 있었던 것이며, 그 덕을 본 인류였다.

레이첼 카슨은 해양과학에 관하여 일반 대중을 교육하고 농약이 사용되는 방식에 변화를 주었을 뿐만 아니라 또한 환경보존과 생태학 운동의 선구자가 되었다. 생태학은 생물과 환경 간의 상호관계에 관한 학문이다. 생물과 환경은 서로 영향을 미치고, 생태학자들은 그 방식을 이해하는 데 목적을 가진다. 현대 생태학자들을 위한 한 조사 방법은 카슨이 환경 속에서 사람들의 활동이 미치는 영향을 추론한 직접적인 결과이다. 그녀의 취지는 과학적인 것이었지만 카슨의 시적인 글쓰기 스타일은 일반 독자들을 끌어들였고, 기술적인 문제에 대해 대중을 교육하기 위한 효과적인 수단이 되었다. 그녀는 비록 농약의 사용 목적이 인류에게 이로움을 주는 것이었지만, 사실상 인간을 포함한 생물 공동체에 해를 끼친 아이러니에 이목을 집중시켰다. 보존에 대한 생각은 거의 한 세기에 걸쳐 곳곳에 있어 왔지만, 대부분의 대중들은 카슨이 현재의 행위들이 어떻게 암이나 유전자 손상의 원인이 되며, 종의 멸종에 이를 수 있는 물질로 오염된 음식을 공급하게 되는지를 밝혀내고 설명할 때까지 자연을 보호하려는 행동을 하지는 않았다.

1965년, 카슨의 친구들은 화학적 오염물질과 대체물에 대한 교육을 하기 위해 레이첼 카슨 위원회라는 비영리단체를 설립했다. 1970년 4월 22일부터 미국인들은 지구에 손상을 주는 행위를 막고, 긍정적인 방향으로 우리의 환경을 보호하기 위해, 매년 4월 22일을 지구의 날로 정해 기념하고 있다.

환경 보호청(EPA)

레이첼 카슨의 《침묵의 봄》은 1960년대 사람들에게 환경 문제의 절박성을 교육했고, 이에 자극받은 대중들은 건강하고 깨끗한 환경을 요구하게 되었다. 1970년 닉슨 대통령은 국민들의 요구에 부응하여 EPA환경보호청 편성을 제안하고, 의회가 승인하기에 이르렀다. EPA는 내무부, 보건, 교육, 복지부, 농무부, 연방방사선위원회, 환경의 질 대통령 위원회에 의해 조율된 기존에 있던 몇 가지 프로그램을 통합했다. 레이첼 카슨은 기존의 모든 프로그램들의 통합을 제안했다. 하나의 기관에서 환경 문제 전체를 통제하는 것이 더 효율적이라고 믿었기 때문이다. EPA의 자기 보고 임무self-reported mission는 인간의 건강을 지키고 생명이 의존하는 자연환경공기, 물, 그리고 토양을 보호하는 것이다.

EPA에는 환경 과학 연구, 교육, 평가 등 모든 부문을 맡아서 18,000명 이상이 일하고 있다. 그들은 법규를 개발하고 시행하며, 주정부의 환경 프로그램을 재정적으로 지원하고, 환경조사를 수행하며, 자원봉사 조합과 프로그램을 후원하고, 환경에 대한 대중의 책임감을 고무시키는 교육을 한다. 열두 개가 넘는 주요 법안들이 EPA 프로그램의 법률적인 기초를 형성한다. 1947년 이래 연방 살충, 살균과 쥐약 법FIFRA이 농약의 살포, 사용과 판매를 규제해 왔다. 연방 농약제한법은 1972년에 FIFRA의 개정안으로 통과되었다. 회사는 농약을 판매하거나 살포하기 전에 승인을 받아야 한다. 승인을 얻으려면, 인간과 환경에 제품이 안전하다는 것을 입증하고, 이를 문서화해야 한다.

EPA의 환경오염감소를 위한 노력은 효과적이었지만, 모든 사람들이 그들의 활동을 찬성한 것은 아니다. 그들의 사업은 막대한 비용이 든다. 2005년에 제출된 국고의 연간 예산은 78억 달러이다. 집행을 요하는 규정에 동의하는 산업계에 의해 더 많은 지출이 든다. 불행하게도, 종종 환경정책은 EPA의 지시보다는 법적 결정에 영향을 받는다. 게다가, 회사들은 서로 싸우기 위해 자주 EPA와 그 규정을 이용한다.

연 대 기

1907	5월 27일 펜실베니아 주 스프링데일에서 출생
1918	세인트 니콜라스 잡지에 〈구름 속의 전투〉 발표. 곧이어 다른 두 이야기 발표
1929	펜실베니아 여자 대학(현 사삼^{chatham} 대학)에서 학사 학위를 받고 2등으로 졸업. 여름에 케이프 카드의 우 즈홀 해양생물연구소에서 견습생으로 연수. 존스 홉킨스 대학 대학원에서 장학금으로 동물학 공부
1932	존스 홉킨스 대학에서 동물학으로 석사학위 취득
1935	미국 수산국을 위한 라디오 대본 집필 시작
1936	미국 수산국에서 하급 해양 생물학자로 근무
1937	월간 대서양에 《해저》 발표
1941	첫 작품 《해풍 아래》 출판. 호평을 받았으나 미국의 2차 대전 참가로 부진한 판매 를 기록
1942	FWS 안내사무소 소장 조수로 근무
1943~45	전쟁 중 자원 보존을 위한 어류 소비를 촉구하는 소책 자 시리즈를 쓰고 편집

1949	FWS가 모든 출판물에 대한 최고 편집자로 카슨 임명
1951	《우리 주변의 바다》 출판, 많은 문학상 수상. 《해풍 아래》의 재 발간 후 베스트셀러 목록에 오름. 정부직 사임
1955	《바닷가》 출판
1956	〈당신의 아이를 경탄하게 도우세요〉 집필. 1965년에 《경이감》이라는 책으로 출판
1962	《침묵의 봄》 출판. 화학 회사들의 카슨에 대한 공격 시작. 1년 내에 농약 사용을 제한하는 40개 이상의 법안이 주 의회 통과
1963	대통령 과학자문위원회가 DDT의 위험에 관한 카슨의 요구를 인정
1964	4월 14일 메릴랜드 주 실버 스프링에서 유방암과 심 장병으로 사망
1980	사후 정부에서 수여하는 최고의 시민상 대통령 자유 훈장 수여

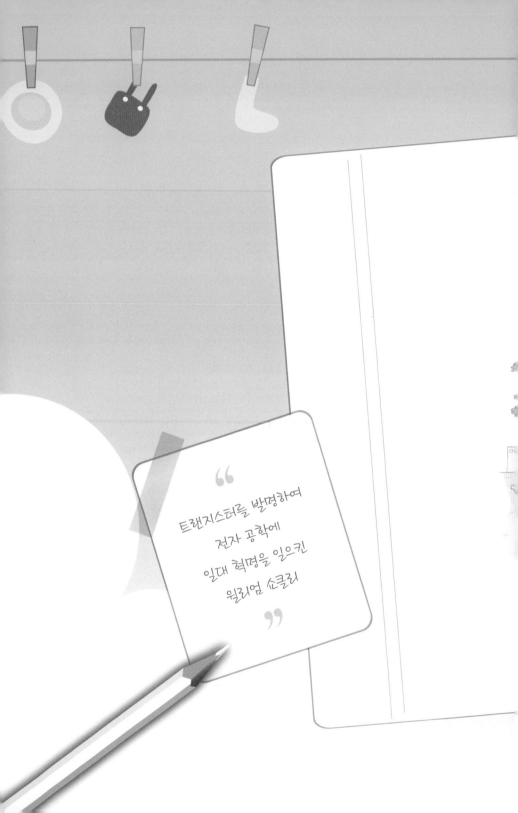

트랜지스터를 발명하여
전자 공학에
일대 혁명을 일으킨
윌리엄 쇼클리

Chapter 7

반도체 산업의 시작을 연 과학자,

윌리엄 쇼클리

William Shockley
(1910~1989)

트랜지스터의 발명가

길을 가다 보면 워크맨을 끼고 조깅하는 사람을 흔히 볼 수 있다. 워크맨이 흔들리고 부딪쳐도 음악을 감상하는 데 별 지장이 없고, 심지어 떨어뜨려도 여전히 잘 작동된다. 1900년대 초 라디오는, 부피가 엄청나게 크고 깨지기 쉬운 진공관 vacuum tubes을 사용했다. 초기 컴퓨터도 마찬가지였다. 그러나 오늘날 사람들은 노트북을 손에 들고 다닐 수 있다. 동일한 작업을 하기 위해 건물 하나를 차지하는 컴퓨터가 필요했던 50년 전을 생각하면 놀랄 만한 일이다. 이러한 믿을 수 없는 진보는 1950년대 미국의 물리학자 윌리엄 쇼클리가 이끄는 과학자 팀이 트랜지스터 transistor를 발명했기에 가능해진 일이다. 트랜지스터는 전기 신호를 증폭시킬 수 있고, 전류를 끄거나 켜는 전자적인 스위치 역할을 할 수 있다. 움직이는 부분을 포함하지 않기 때문에 진공관보다 수명이 길고, 기계적인 스위치보다 수행 속도가 빠르다.

진공관 내부의 공기를 제거하고 밀봉한 유리관

트랜지스터 전기 기구로 통하는 전류의 흐름을 조절하는 반도체를 갖고 있는 조그만 장치

고체물리학에서의 전문화

윌리엄 브래드포드 쇼클리는 1910년 2월 13일 런던에서 태어났다. 당시 그의 부모는 미국인이었지만 영국에 거주하고 있었다. 부친 윌리엄 힐만 쇼클리는 광산 기술자였고, 모친 메이 브래드포드 쇼클리는 광물 감정인이었다. 윌리엄이 세 살 때 그의 가족은 미국으로 귀국하여 캘리포니아 팔로 알토에서 살기 시작했다. 모친은 그가 8살이 될 때까지 집에서 가르쳤다. 이웃에 사는 스탠퍼드 대학의 물리학과 교수 덕분에 어린 윌리엄은 물리학에 관심을 가지게 되었다. 십대에 윌리엄은 팔로 알토 사관 학교와 로스앤젤레스 코칭 학교에 다니면서 물리학을 공부했다. 1927년에는 할리우드 고등학교를 졸업했다. 그 후 1년 동안 UCLA에 다녔고, 1932년에는 물리학 학사학위를 받기 위해 캘리포니아 공대(칼텍)에서 공부했다.

1933년 쇼클리는 진 알버타 베일리와 결혼하여 두 아들과 딸 하나를 두었다. 그들은 매사추세츠 공대가 있는 캠브리지에 살았다. 쇼클리는 매사추세츠 공대에서 교직 의무 장학금을 받고 고체물리학 연구를 했다. 고체물리학은 원자 내부 구조와 금속, 플라스틱 같은 물질들의 전자적 속성을 파악하는 학문이다. 그는 '염화나트륨 결정의 전자를 위한 파동 기능 계산'이라는 제목의 논문으로 1936년 박사 학위를 받았다. 고체 물리학을 연구한 경험으로 쇼클리는 첫 직장을 구할 수 있었다.

구식 기술

뉴저지 주 머레이 힐의 벨 전화 연구소는 쇼클리에게 통신 메커니즘 개선 업무를 맡겼다. 당시 진공관은 많은 전자 장비에서 신호를 증폭시키는 데 사용되었다. 유리로 된 껍데기 안은 진공상태로 되어 있고, 외부 전기회로와 연결하기 위해 최소한 두 개의 전극이 들어 있었다. 양으로 대전된 전극 양극^{anode}은 집전자^{collector}라고 하고, 음으로 대전된 전극 음극^{cathode}은 방사체^{emitter}라고 한다. 진공관이 건전지 같은 외부 원인으로 전류에 연결되면 전자가 방사체를 떠나 집전자로 들어간다. 집전자와 방사체 사이의 격자 모양 기판은 통로를 막는 몇몇 전자를 전기작용으로 쫓음으로서 집전자로 들어가는 신호의 강도를 조절했다. 진공관은 교류 전류^{alternating current}를 직류 전류^{direct current}로 바꾸거나, 전기적 신호를 증폭시키기 위해서도 사용되었고, 진

> 양극 음(−)으로 하전된 전극. 전지의 (+)쪽 끝부분
>
> 음극 양(+)으로 하전된 전극. 전지의 (−)쪽 끝부분
>
> 교류전류 정기적으로 흐르는 방향이 바뀌는 전류
>
> 직류전류 끊임없이 한 방향으로만 흐르는 전류

동자 역할을 하기 위해 진동기^{oscillator}로도 사용되었다. 진동자는 직류 전류를 특별한 진동수의 교류 전류로 바꾸는 일을 한다.

진공관은 원래 미국의 발명가 토마스 A. 에디슨이 무선 라디오 신호를 수신하기 위해 고안한 것이다. 이후 영국의 과학자 존 A. 플레밍이 수정하여 통신기술의 대혁명을 가져왔다. 진공관 제조의 향상은 전자기기의 향상으로 이어졌다. 그러나 20세기 가장 중요한 발명 중의 하나로 간주되었지만, 진공관은 깨어지기 쉽고, 생산비도 비쌌고, 비능률적인 데다 내구성도 약했다.

쇼클리가 벨 연구소에서 근무를 시작했을 때, 그의 업무는 전기 신호 증폭을 위해 진공관을 향상시키는 것이었다. 라디오의 성능은 무선 파동으로부터 안테나 신호를 정류^{rectify}하고 증폭시키는 진공관에 달려 있었다. 쇼클리는 진공관이 개발되기 전 초기의 라디오에 반도체^{semiconductor} 방연광이 정류기로 사용되었다는 것을 알았다(반도체는 이 장 뒷부분에서 논의된다).

> 진동기 직류전류에서 교류전류를 만들어내는 장치
>
> 정류 교류전류에서 직류전류로 전기 신호를 바꾸는 것

그는 보다 단단한 물질이 진공관보다 작업 효율도 높고, 폭넓게 응용될 것이라고 생각했다. 그래서 그는 정류하는 반도체를 개발하기 위해 그의 고체물리학적 지식을 응용했다. 불행하게도, 그가 요하는 순수한 물질은 아직 사용 가능하지 않았고, 2차 세계대전은 그의 연구를 지체시켰다.

2차 세계대전 중에 쇼클리는 군사용 레이더 장비를 개발했다. 그

는 또한 컬럼비아 대학의 미해군 대잠수함 교전 작전 조사 그룹의 조사 책임자로, 전쟁 사무관의 전문 자문역으로 복무했다. 1945년, 벨의 고체물리학 연구 프로그램 책임자로 산업 연구를 위해 돌아온 그는 이론물리학자 존 바딘과 실험물리학자 월터 H. 브라테인과 함께 공동 연구를 시작했다. 쇼클리의 목표는 진공관을 고체 증폭기로 바꾸는 것이었다. 연구팀은 쇼클리가 생각한 장치를 만들기 위해 시도했으나 성공하지 못한 채 1년을 보냈다. 바딘이 전자가 결정 속을 통과하지 못하고 표면에 걸릴지도 모른다는 의견을 제시하자 그들은 반도체에 관해 좀 더 알기 위해 연구를 다시 시작하기로 했다.

반도체

쇼클리는 여전히 반도체가 전류의 흐름을 제어할 수 있는 전기 스위치로 사용될 수 있다고 믿었다. 반도체는 전도성이 있는 구리 같은 도체와 전도성이 없는 플라스틱 같은 절연체 중간에 위치한 물질이다. 전류는 간단히 얘기해서 도체를 통해 전자가 흐르는 것이다. 반도체는 전자를 사용함에 있어 이상적이다. 왜냐하면 반도체는 전류의 양과 방향 조절을 할 수 있기 때문이다.

게르마늄이 한때 대중적이었으나, 현재는 실리콘이 반도체로서 가장 널리 사용되고 있다. 실리콘 원자 하나는 가장 바깥 전자 궤도인 전자 껍질에 네 개의 원자가^{valence} 전자(최외각전자)를

> 원자가　최외각. 원자의 가장 바깥쪽 전자 껍질을 이르는 말

가지고 있다. 이 전자들은 각각 이웃한 실리콘 원자들과 하나는 위, 하나는 아래, 양쪽에 각각 하나씩 전자를 내어 전자쌍을 공유하게 되는, 공유 결합을 이룬다. 실리콘 원자들이 사방으로 연결되면, 같은 구조가 반복되는 결정격자를 형성하게 된다. 공유결합이 일어나면서 서로 겹쳐진 전자 껍질에너지 껍질들은 비슷하기는 하지만 다양한 에너지 상태를 보여 에너지 띠를 이루고, 이를 에너지밴드라고 부른다. 에너지밴드 중 최외각 전자들을 포함한 것을 가전자대라고 하고, 가전자대보다 에너지 수준이 높은 에너지밴드는 전도대라고 불린다. 반도체를 통해 전류가 흐를 때에는 전자가 비어 있는 에너지밴드로 이동하게 되는데, 이때 전자가 이동함으로써 남겨지는 빈 공간을 '홀'이라고 하며, 비어 있는 홀은 또 다른 전자로 채워질 수 있다.

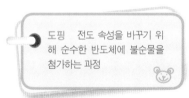

도핑   전도 속성을 바꾸기 위해 순수한 반도체에 불순물을 첨가하는 과정

도핑^{doping}은 전도 속성을 수정하기 위해 다른 순수한 반도체에 불순물을 첨가하는 과정이다. 예로 실리콘에 붕소(B)를 첨가할 경우, 붕소는 실리콘(Si)보다 전자가 하나 적기 때문에 도핑된 반도체는 전체적으로 전자가 부족하다. 이런 형태의 반도체를 P형 반도체라고 한다. 반도체는 전기작용으로 0이어야 하지만, 전자가 적으면 사실상 양전하처럼 행동하기 때문이다. P형 반도체에서는 홀을 통해 전류가 흐른다. N-도핑 과정에서, 전자들이 전도대로 뛰어서 이동하는 것을 쉽게 만들기 위해 첨가된 불순물은 실리콘Si에 비해 원자가 전자가 한 개 더 많다. 전자

가 다섯 개를 가진 원자 인P은 N형 도핑재료의 예이다. N형 반도체
에서는 음으로 대전된 전자를 통해 전류가 흐른다. 대략 반도체 원
자 천만 개당 한 개 정도로 도핑용 불순물의 양은 매우 적다.

최초의 트랜지스터

1948년 여름 기자 회견을 통해 바딘과 브라튼은 최초의 트랜지
스터(트랜스퍼와 레지스터 두 용어를 조합하여 이름 지음) 개발에 성공했
음을 알렸다. 그것이 어떻게 기능하는지는 다음과 같다.

P형과 N형 반도체가 P-N 결합을 만들기 위해 하나씩 옆에 위치
했을 때 결합의 N 쪽은 초과된 전자들이 있고 P 쪽은 부족하다. 이

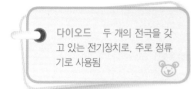

런 형태를 다이오드^{diode}라고 한다. 전류는 오직 한 방향으로만 흐를 수 있다. 다이오드에서 전지의 양극을 P 쪽으로 연결하고, 음극을 N 쪽으로 연결하면, 같은 극끼리의 반발로 인해 반도체 전자와 홀은 P-N 결합 부위로 몰리게 된다. 접근한 전자들은 홀 쪽으로 뛰어들고, 전류는 다이오드를 통해 흐른다. 건전지가 다른 방향으로 연결되면, 전류는 흐르지 않을 것이다. 다이오드는 텔레비전의 검파기, 라디오 수신기 그리고 교류 전류를 직류 전류로 변환시키는 데 사용된다.

바딘과 브라튼은 N타입 게르마늄 한 덩어리와 게르마늄의 한쪽 면에 붙은 금 두 개, 반대편에 텅스텐 베이스로 구성된 점접촉 트랜지스터를 만들었다. 이 트랜지스터는 사실상 트라이오드였다. 왜냐하면 다이오드의 두 개에 비해 전기 단자가 세 개였기 때문이다. 하나의 금 접촉부는 순방향 바이어스 회로를 만드는 건전지에 연결되었고 다른 하나는 역방향 바이어스 회로를 만드는 건전지에 연결되었다. 전류가 반도체로 들어가는 순방향 바이어스 쪽 금 접촉부는 '방사체'라고 하고, 역방향 바이어스 쪽 금 접촉부는 '집전자'라고 했다. 금속 베이스 접촉부는 베이스 전극으로 사용했다. 금 접촉부를 두 개 가짐으로써 회로를 어느 정도 조절할 수 있었다. 전압이 가해졌을 때 방사체 근처의 게르마늄에 있는 홀은 양전하를 띠어 집전자 쪽으로 몰리게 되고, 전압이 강해지는 과정에서 집전자에 신호를 증폭시켰다.

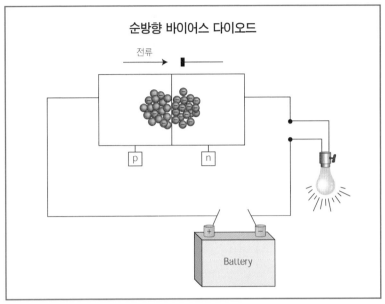

순방향 바이어스 다이오드에서 전자와 홀이 P-N 결합 가까이 모여 서로 접근하게 되면 전자는 홀 쪽으로 뛰어들어 가게 된다.

몇 달 안에, 쇼클리는 최초의 접합 트랜지스터를 고안해내었다. 그는 NPN 접합을 만들기 위해 두 N-영역 사이에 얇은 P-영역을 끼워 넣는 것을 제안했다. 집전자에 전압을 걸어 주면 전류가 트랜지스터의 집전자를 통해 베이스를 거쳐, 방사체로 흘러 나왔다. 베이스에 약한 전류를 주면 트랜지스터를 통한 전류의 흐름이 제한되었고, 반면에 다른 전하를 공급하여 베이스에 강한 전류를 주면 트랜지스터를 통과하는 전류의 증폭이 가능했다. 1950년대 초까지 이 접합 트랜지스터는 벌써 보청기, 라디오, 마이크 등에 사용되고 있었다. 접합 트랜지스터는 세 개의 전기 단자를 가지면서, 약간 다

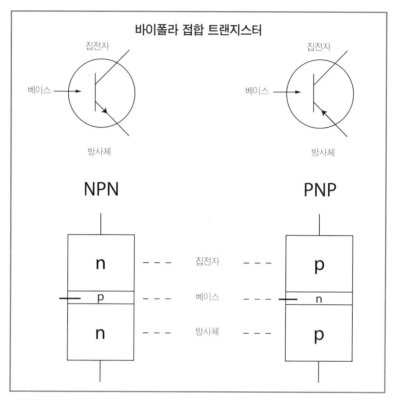

バ이폴라 접합 트랜지스터

집전자

베이스 →

방사체

NPN

n

p

n

집전자

베이스 →

방사체

PNP

p

n

p

집전자

베이스

방사체

바이폴라 접합 트랜지스터는 결정 하나에 마주보는 P-N 다이오드의 쌍으로 이루어진다.

른 방식으로 작동하는 더 현대화된 전기장 효과를 이용한 트랜지스터[FETs]로 진화했다. 쇼클리, 바딘 그리고 브라튼은 반도체 연구와 트랜지스터 효과의 발견으로 1956년 노벨 물리학상을 공동 수상했다.

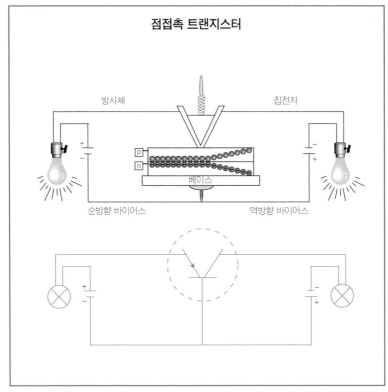

점접촉 트랜지스터

방사체   집전자

p

n

베이스

순방향 바이어스   역방향 바이어스

역방향 바이어스 회로 단독으로는 전류가 흐르지 않는다. 그러나 트라이오드에서 순방향 바이어스 회로와 쌍을 이룰 때 활성화된다.

논란거리

1954년에 벨 연구소를 사임한 쇼클리는 1년 동안 국방부의 무기 시스템 평가 그룹을 위한 부책임자와 조사 책임자로 복무했다. 캘리포니아 팔로 알토로 가족들과 이주한 그는 이후에 쇼클리 트랜지스터 주식회사로 명명된 쇼클리 반도체 연구소를 설립했다. 그 회사는 몇 번에 걸쳐 매각되었고, 1969년에 문을 닫았다. 그는 1965년에 다시 벨 연구소에서 고문으로 일했다. 1955년에 첫 번째 부인과 이혼한 쇼클리는 에밀리 I. 래닝과 재혼했다.

스탠퍼드 대학은 1962년에 쇼클리를 공학과 응용과학의 첫 번째 알렉산더 M. 포니아토프 교수로 임명했다. 그는 1972년에 전자공학의 명예교수가 될 때까지 스탠퍼드에서 전자공학을 가르쳤다. 그러나 그는 인종과 지능이 비례한다는 견해를 펼침으로써 그의 일생에 오점을 남겼다. 관련된 분야에서 정식으로 공부하지도 않은 그가 흑인들은 선천적으로 백인보다 지능이 낮다는 터무니없는 의견을 공식화한 것이다. 더 나아가 그는 더 많은 '백인 유전자'를 가진 흑인들이 더 뛰어난 지적 능력 가질 수 있다고 언급했다. 잔인하게도, 그는 인류를 진보시킨다는 미명하에 IQ가 100 이하인 사람은 불임 *sterilization* 시술을 해야 한다고 주장했다. 비록 심리학사들과 교육학자들은 그의 결론을 인정하지 않았지만, 그 불쾌한 언급은 많은 논란을 불러일으켰다. 학생들은 항의했고, 그의 과학적 명성에 의문을 제기했다.

> **불임** 미생물학에서는 살아 있는 미생물이 없게 만드는 살균을 뜻하지만, 의학에서는 자손을 갖지 못하도록 만드는 과정을 말함

컴퓨터 혁명의 시작

윌리엄 쇼클리는 1989년 8월 12일 캘리포니아 팔로 알토에서 암으로 사망했다. 비록 말년의 활동으로 명성에 흠을 냈지만, 전자

공학에서의 쇼클리의 전문적 지식과 문제 해결 능력은 컴퓨터 혁명에 자극이 되었다. 그는 유용한 발명으로 90개가 넘는 특허를 획득했고, 많은 연구기관이 그의 업적을 인정하고 존중했다. 그는 1952년 라디오공학자협회로부터 모리스 레브만 기념상을 받았고, 1953년에는 미국 물리학회로부터 올리버 E. 버클리 고체물리학상을, 1954년에는 국가과학학회 콤스탁 상을, 1962년에는 미국기계공학학회 홀리 메달을, 1972년에는 전기전자공학협회 금메달, 그리고 1980년에는 명예훈장을 받았다. 그는 전쟁에서의 업적으로 1946년에 U.S. 메리트 훈장을 받았고, 1962년에는 대통령과학자 문위원회에 임명되었고, 1974년에는 국가 발명가 명예의 전당에 이름을 남겼다. 쇼클리는 또한 펜실베니아 대학, 러트거스 대학과, 미네소타의 구스타버스 아돌퍼스 대학에서 명예 박사학위를 받았다.

쇼클리의 트랜지스터는 혁명적인 발명이었다. 그러나 부피가 크고 대량으로 생산하기가 어려웠다. 현대의 전기장 효과를 이용한 트랜지스터^{FETs}는 쇼클리의 트랜지스터보다 더욱 일반적으로 사용된다. 개인용 컴퓨터에서 가장 보편적으로 사용되는 산화학 반도체 전기장 효과 트랜지스터^{MOSFETs}는 도핑된 실리콘의 다른 층을 포함한다. 트랜지스터는 폭이 0.001mm에서 1인치가 약간 못 되는 크기까지 다양하다. 집적회로, 마이크로프로세서, 또는 컴퓨터 칩이라고 불리는 작은 실리콘 칩에 백만 개 정도가 배치될 수 있다. 이 컴퓨터 칩을 통해 회로는 계산을 하거나, 모니터에 이미지를 형성하는

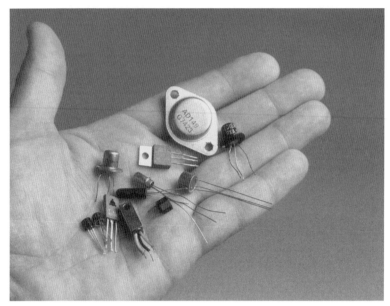

1960년대부터 1990년대까지 이러한 모양의 트랜지스터들이 전자 부품의 소형화를 불러왔다.

등 컴퓨터 작업을 수행한다. 쇼클리는 인터넷이 보편화되기 전에 이미 사망했지만, 그가 도움이 된 기술이 놀랄 만큼 응용되는 것을 보면 기뻐할 것이 틀림없다. 그가 발명한 트랜지스터는 회로의 소형화와 오늘날 우리가 즐기는 전자기기의 비용을 합리화하고 신뢰성을 주는 데 일조했다.

팀

트랜지스터 개념의 창시자는 쇼클리였지만, 벨 연구소의 과학자 3명은 그 목표를 함께 실현했다. 쇼클리는 1956년 〈반도체 연구와 트랜지스터 효과 발견〉으로 존 바딘과 월터 브라틴과 함께 노벨 물리학상을 공동 수상했다.

존 바딘은 위스콘신 메디슨에서 1908년 5월 23일에 태어났다. 그는 1928년 위스콘신 대학에서 전자 공학 학위를 받았다. 그는 응용지구물리학에서 수학 문제와 안테나 복사를 공부하는 대학원 연구 조교로 학업을 지속했다. 2년 후 걸프 조사 연구소에서 일하기 위해 펜실베니아 주 피츠버그로 이사한 그는 3년 동안 자기학과 중력 측정을 연구했다. 1933년에, 프린스턴 대학에서 금속의 역할기능의 이론에 대해 대학원 공부를 다시 시작한 그는 1936년에 수리 물리학 박사학위를 받았다. 그 후 하버드 대학에서 특별연구원으로, 미네소타 대학에서 물리학 조교수로, 그리고 워싱턴 D.C.의 네이벌 올드난스 연구소에 시민 물리학자로 근무한 다음 1945년 벨 연구소에 정착했다. 바딘은 1972년에 두 번째 노벨 물리학상을 수상했다. 일반적으로 BCS-이론으로 불리는 초전도 이론으로 레온 닐 쿠퍼, 존 로버트 슈리에퍼와 그 영광을 나누었다. 바딘은 1991년 1월 30일 세상을 떠났다.

월터 H. 브라튼은 1902년 2월 10일에 중국 아모이에서 태어나서, 워싱턴 주 가족 농장에서 성장했다. 그는 워싱턴 대학에서 1924년에 이학 학사를 받았고, 오레곤 대학에서 1926년에 인문학 석사, 1929년에 미네소타 대학에서 물리학 박사를 받았다. 그는 박사학위 취득 후에 벨 연구소 자리를 수락했다. 그의 주요 연구 초점은 고체의 표면 속성이었다. 그는 1987년 10월 13일에 세상을 떠났다.

연 대 기

1910	2월 13일 영국 런던에서 출생
1932	캘리포니아 공대에서 물리학 학사 취득
1936	매사추세츠 공대에서 물리학 박사 취득. 벨 전화 연구소에서 근무 시작
1942~45	레이더 연구와 대잠수함 교전, 전쟁 사무관 자문역으로 참전
1945	벨 연구소로 복귀. 진공관을 대체할 반도체 사용 연구
1947	바딘과 브라틴은 최초로 접촉 트랜지스터 개발에 성공
1951	쇼클리의 접합 트랜지스터 개발
1955	벨 연구소를 떠나 자신의 회사 쇼클리 반도체 연구소 (이후에 쇼클리 트랜지스터 주식회사로 개명됨) 창업

1956	반도체 연구와 트랜지스터 개발로 바딘, 브라틴과 함께 노벨 물리학상 공동 수상
1962	스탠퍼드 대학에서 최초의 공학과 응용과학의 알렉산더 M. 포니아토프 교수로 임명
1972	스탠퍼드 대학 은퇴
1989	8월 12일 캘리포니아 팔로 알토에서 사망

최초로 사람의
시험관 수정을 시도하여
보조생식 기술의
선구자가 된 산부인과의사
패트릭 스텝토우

Chapter 8

보조생식 기술의 선구자,

패트릭 C. 스텝토우

내가 삼신 할매야.

Patrick C. Steptoe
(1913~1988)

시험관 수정의 선구자

미국 질병관리 및 예방 센터는 2001년 동안에만 4만 명의 아기가 보조
생식기술^{ART}의 결과 탄생했다고 추산했다. 미국생식의학협회는 생식연
령인구의 10%에 해당하는 6백만 명 이상의 사람들이 수정 능력에 문제
를 갖고 있다고 보고했다. 불임^{infertility}치료가 필요한 부부는 의학적으로 피
임을 하지 않는 상태에서 1년 이상 착상이 되지 않거나, 임신 기간을 유지
할 수 없는 경우로 진단되는데, 그러한 부부의 수는 ART가 미국에 도입된
1961년부터 점차 증가하고 있다. 이전에는 난소와 자궁^{uterus}을 이어 주는
관인 난관^{oviduct}이 막힌 여성의 경우 아기를 갖는 것이 불가능하다고 했었
지만, ART가 개발되어 이제는 자연임신을 시도하는 여성보다 ART의 도움
을 받는 경우의 임신 성공률이 더 높을지도 모른다. 패트릭 스텝토우 박사
는 로버트 에드워드 박사와의 공동연구를 통해 많은 보조생식 기술 절차의
기본을 이루는 시험관 수정^{in vitro fertilization}, IVF
기술의 선구자로 십여 년을 보냈고, 1978년 세
계 최초의 시험관 아기를 탄생시켰다.

> 불임 남녀가 자손을 갖지 못
> 하는 것
>
> 자궁 발생하는 배와 태아가
> 출산 전까지 머무르는 여성생
> 식기관
>
> 난관 난소에서 나온 난자를
> 자궁으로 옮겨 주는 관
>
> 시험관 수정 실험실의 시험
> 관에서 일어나는 난자의 수정.
> 이것이 된 후 보통 모체에 배를
> 착상시키게 됨

영국 해군 지원병

패트릭 크리스토퍼 스텝토우는 1913년 6월 9일, 영국 옥스퍼드 셔주 위트니의 농촌에서 태어났다. 아버지 해리 아더 스텝토우는 위트니의 출생, 사망, 혼인 신고를 접수하는 등기공무원이자 지역 교회의 오르간 연주자였고, 어머니 그레이스 모드 밈스 스텝토우는 가족계획 관련 사회사업가였다. 그녀는 패트릭을 포함해 8명이나 되는 자녀를 키우면서 지역 어머니회와 유아복지 상담소를 조직하여 활동했다. 이후에 스텝토우는 어려운 일이 있을 때 인내하고 노력하는 모습을 어머니로부터 배웠다며 그녀를 자랑스러워했다.

패트릭은 어린 시절 음악을 공부했고, 심지어 동네 영화관에서 무성 영화가 상영되는 동안 피아노 연주를 하는 아르바이트를 하기도 했다. 수술을 하는 데 중요한 손가락 힘과 손재주는 오랜 시간의 피아노 연습으로 길러졌을 것이다. 그는 촉망받는 피아니스트였지만, 결국 의학을 선택했다.

런던에 있는 킹스 대학을 졸업한 후, 스텝토우는 런던 대학의 성

조지 의과대학으로 진학했다. 1939년 런던의 왕립의과대학에서 학위와 의사면허를 땄고, 왕립외과대학에 들어갔다. 스텝토우는 2차 대전 중 영국 해군에 지원하여 외과의사로 일하기 시작했다. 크레테 근처에서 그가 탄 배가 침몰해 1941년 이탈리아 군에 사로잡혔고, 다른 죄수들의 탈옥을 도와 독방에 감금되기도 했다. 그는 1943년 포로 교환으로 석방되었다. 스텝토우는 1946년 제대하고 의사의 딸이었던 시나 케네디와 결혼했다. 그들은 샐리와 앤드류 두 아이를 낳았고 스텝토우가 사망할 때까지 해로했다.

복강경 수술의 개발

런던으로 돌아온 후, 스텝토우는 산부인과를 전공하기 위한 필수 학점을 채웠다. 산과의사^{Obstetricians}는 임신과 출산을 전문으로 하는 내과의사이고, 부인과의사^{gynecologists}는 여성 생식계에 대한 좀 더 일반적인 치료를 전문으로 하는 의사를 말한다. 1947년부터 49년까지 스텝토우는 성 조지 병원의 산부인과 인턴 대표였고, 그 후 2년간은 휘팅턴 병원의 수련의 수석을 지냈다. 그는 1948년 왕립 산부인과 대학에 들어갔고, 61년에 졸업했다. 1950년에는 왕립외과대학을 졸업했다.

1951년 스텝토우는 랭카셔의 지역통합병원과 올드햄 지역 국민

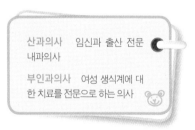

산과의사 임신과 출산 전문 내과의사

부인과의사 여성 생식계에 대한 치료를 전문으로 하는 의사

건강보험의 고문 자리를 수락해 일하기 시작했다. 그 지역은 자격 있는 산부인과 의사의 도움이 절실했고, 스텝토우가 적격이었다. 그는 그 곳에서 처음 몇 년간에 걸쳐 종양을 제거하고, 너무 오래 방치해서 위험해진 증상들을 치료하며 보냈다. 또한 가족계획 상담소를 세웠고, 피임방법에 대한 조사를 시작했다.

　제대로 정착이 된 후, 스텝토우는 다양한 요인으로 유발되고 임신의 확률을 낮추는 불임에 관심을 가졌다. 불임의 주된 원인 중 하나는 난관이 막힌 경우였다. 난관은 여성 생식기에 클라미디아나 성병 혹은 다른 감염이 있었거나 자궁내막증(정상적으로는 자궁 내막에 있어야 하는 조직이 자궁 바깥쪽에 이식되어 비정상적으로 증식해 통증을 유발하는 증상)에 걸린 적이 있는 경우 자연적으로 막힌다. 반면, 올드햄에서 스텝토우는 너무나도 빈번하게 개복수술(과도하다고 생각되지만 복강을 수술로 열어 의사가 내부 장기를 다 볼 수 있게 하는 것)을 해야 해서 좌절스러웠다. 개복수술 후의 회복은 힘들었고, 종종 수술을 하고서도 비정상적인 병증을 아무것도 찾지 못하는 경우도 있었다. 그는 작은 절개를 통해 뱃속에 조명장치를 단, 살균된 길고 가느다란 망원경을 주입해, 의사가 수술을 최소한으로 줄인 복강경 ^{laparoscopy} 이라고 불리는 검사 방법을 개발했다. 대개의 경우 기관을 관찰하고, 수술 도구들을 다룰 공간을 확보하기 위해서 공기를 주입해서 복강을 넓

복강경　환자의 체내를 검사하기 위해 만든 가늘고 긴 도구. 이것을 넣을 부위를 작게 절개한 뒤 복강 안으로 삽입해서 관찰함

힌다. 이런 방법으로 의사들은 난소와 난관, 자궁 같은 환자 내부 기

관의 상태를 관찰하고, 자궁내막증이나 낭포증자루모양의 내벽이 생겨 그 속에 액체가 차는 증상 같은 불임의 원인을 보다 쉽게 진단할 수 있게 되었다.

스텝토우는 복강경 수술의 전문가가 되었다. 그는 복강 내에서 난관을 능숙하게 찾아 표본을 얻을 수 있었다. 또한 전류로 각 난관을 끊고 묶는 방식으로 복강경을 사용한 피임수술도 시행했다. 정자 수가 너무 적어 임신이 되지 않는 경우에, 스텝토우는 정자를 직접 여성의 난관으로 주입했지만, 이 방법은 단 한 번도 성공적인 임신으로 연결되지 못했다. 영국에 있던 그의 동료들은 복강경이 문제가 많다고 생각했고, 더 큰 절개를 요하는 탐색 수술과 비교해서 회복시간이 줄어드는 것과 같은 큰 효용도 깨닫지 못했다. 스텝토우는 그 기술을 완성하기 위해 5년을 더 연구한 후, 1965년 복강경 수술에 대한 그의 첫 번째 논문을 '부인과 내시경 검사: 복강경과 더글러스와 내시경'이라는 제목으로 영연방 산부인과 학회지에 실었다. 영국 동료들의 미적지근한 반응 때문에 스텝토우는 적잖이 실망했지만, 이 기술을 주제로 한 《부인과 복강경술》(1967)이라는 의학 교과서를 쓰는 일을 계속했고, 이 책은 미국에 복강경 수술을 도입하는 데 큰 기여를 했다.

보완적 협력

1967년 스텝토우는 케임브리지 대학의 여성 생식계 전공 생리학자 로버트 G. 에드워드로부터 전화를 한 통 받았다. 에드워드는 스텝토우가 〈란셋〉지(1968)에 기고한 '복강경과 배란'이라는 제목의 논문을 읽고서 전화를 한 것이었다.

그는 수정과정에 생기는 문제를 연구하고, 의학적인 이유로 수술 제거된 난소에서 사람의 난자를 채취하여 체외 인공 수정을 시도하고 있었다. 에드워드는 성숙한 난자와 정자를 여성의 난관에서 얻을 수 있으리라는 희망으로 스텝토우에게 연락을 취했다. 그가 얻고자 했던 정자는 여성의 생식기 내부에 사정된 것으로, 당시 과학자들은 수정이 일어나기 위해서는 정자가 여성의 생식기 내부에서 알려지지 않은 일종의 변환과정을 거칠지도 모른다고 생각했다.

6개월 후 두 사람은 런던에서 열린 왕립의학회의 내분비 및 부인과 분과회의에서 만났다. 그들은 1968년 올드햄 통합병원에서 협동연구를 시작했고, 스텝토우는 에드워드가 연구실을 마련할 수 있도록 병리학과에 작은 방을 하나 제공했다. 그들의 궁극적인 목표는 난관이 막힌 여성의 난자를 페트리 접시에서 수정시킨 후, 다시 그녀의 자궁에 착상시켜서 건강한 아기를 출산하도록 돕는 것이었다. 막힌 난관을 가진 수십 명의 여성들이 아기를 가질 수 있다는 희망에서 그들의 연구를 돕겠다고 자원했다. 에드워드는 322km 떨어진 케임브리지에 살고 있었지만, 스텝토우가 난소조직이 입수되었

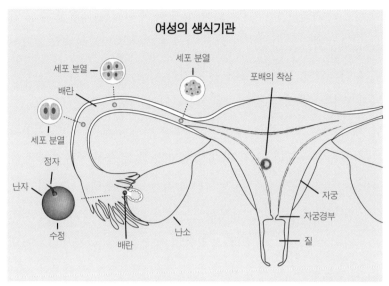

여성의 생식기관

세포 분열

세포 분열

포배의 착상

배란

세포 분열

정자

난자

자궁

자궁경부

질

수정

배란

난소

한 달에 한 번, 한쪽 난소가 성숙한 한 개의 난자를 내보내면 수란관 상부에서 단 하나의 정자와 수정이 일어날 수 있다. 수정이 되면 수란관을 따라 자궁까지 내려와 자궁 내벽에 착상된다.

다는 전화를 할 때마다 올드햄까지 연구에 사용될 난자를 얻기 위해 차를 몰고 왔다. 때때로 자궁절제술이 행해지면, 스텝토우는 에드워드의 연구를 위해 생식기 내부에서 정자를 채취해서 제공해 주었다.

복강경을 사용하면 여성의 월경주기의 특정 시기에 정상적으로 난소^{ovary}에서 난관으로 배란되어 나온 성숙한 난자를 찾아 뽑아낼 수 있었다. 난소 안에서 난자를 둘러싸고 난자의 성숙을 도와주는 구조를 여포라고 하는데, 이 여포

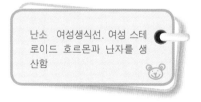

난소 여성생식선. 여성 스테로이드 호르몬과 난자를 생산함

의 형성을 자극하는 호르몬인 여포자극호르몬^{FSH}을 주사하면 여성

의 난소가 과배란^{superovulate}되어 여러 개의 난자를 채취할 수도 있었다. 에드워드는 사람의 정자와 난자를 페트리 접시에서 수정시키려고 시도했다. 그는 사람의 몸 밖에서 난자를 수정시키기 위해 정자가 반드시 여성의 생식기에 노출되어야 하는 것은 아니지만, 일단 세척이 되어야 하고, 그 후에는 배양 배지의 조성이 결정적이라는 사실을 알아냈다. 정자 자체가 난자를 뚫고 들어가 유전 물질을 전달하는 복잡한 일을 수행하기는 하지만, 에드워드는 성공적인 수정을 위해서 최적의 생리학적 조건을 결정하고 만들어내야 했다. 즉, 두 배우자^{gamete}, 난자와 정자의 결합을 보존하기 위해서는 온도, 염분, pH, 당, 아미노산과 다른 영양분들을 모두 고려하여 난관 내부의 조건과 흡사한 상황을 만들어내야 했던 것이다.

> 과배란 성숙한 난자를 한 번에 하나 이상 더 많이 생산하는 것
>
> 배우자 수정이 될 때 서로 결합하여 접합자를 형성할 수 있는 정자나 난자 세포

최초의 전도유망한 결과

1968년 에드워드가 사람의 난자를 시험관 내에서 수정시켰을 때, 두 사람은 첫 번째 목표를 달성하게 되었다. 1969년에는 성공적인 연구결과를 '시험관에서 성숙시킨 사람 난모세포의 시험관 수정 초기단계'라는 제목으로 〈네이처〉지에 발표했다. 스텝토우는 여성의 난소에서 채취한 난자들은 멸균된 페트리 접시에 놓고 성숙을 유도하는 호르몬인 인간융모성 고나도트로핀^{gonadotropinHCG}을 첨가

했다. 에드워드는 약 36시간 후 정자를 첨가하고, 10~12시간 후 정자가 난자에 침입했는지 확인했다. 그들은 건강한 아기를 얻는 궁극적인 목표에 도달하기 위해 아직도 가야 할 길이 멀다는 것을 알고 있었다. 다음 단계는 실험실에서 수정란의 난할을 이루어내는 것이었다.

고나도트로핀 여포자극 호르몬(FSH)이나 황체형성 호르몬(LH)처럼 정소나 난소의 활성을 자극하는 호르몬

접합자 정자와 난자의 융합으로 형성되는 결과물. 수정란

포배기 포유동물의 초기 배 단계로, 세포들의 집단이 속이 빈 공 모양을 이룸

그들은 체내에서 성숙된 난자를 복강경으로 뽑아내어 사용하기 시작했다. 정자가 난자 내로 침입하면, 그들은 접합자^{zygote}가 배로 발생하기 위해 거쳐야 하는 수많은 세포분열에 적합하도록, 조성이 약간 다른 배양액이 든 시험관으로 옮겼다. 연구를 계속한 지 18개월이 지나자, 그들은 수정 후 세포분열이 여러 번 일어나 형성된 세포덩어리가 정상적으로 내궁내벽에 착상하는 시간인 나흘 반나절 후, 포배기^{blastocyst}에 도달한 배를 얻게 되었다.

스텝토우와 에드워드는 케임브리지 근처에 병원과 실험실을 차리기 위해 영국의학협회^{MRC}에 지원금을 신청했다. 하지만 영국의학협회는 그들의 신청을 윤리적인 문제로 거절했다. 관대하게도 올드햄 지역 보건원은 스텝토우와 에드워드에게 로이든에서 가까운 컬쇼우즈 카티지 병원에 자리를 내주었고, 그곳에서 그들은 수술시설과 작은 실험실을 갖춘 시험관수정^{IVF} 상담소를 열었다.

실패를 통한 불굴의 노력

그들은 1971년 말까지 단 하나의 정자가 난자를 뚫고 들어가면 초기 배 발생이 정상적으로 진행될 것임을 확신했다. 배를 다시 어머니의 자궁에 착상시킬 준비도 다 되어 있었다. 스텝토우는 1972년 초에 처음으로 8세포기의 배를 착상시키려는 시도를 감행했다. 가느다란 멸균 플라스틱 튜브에 배를 넣고 모체의 자궁경부를 지나 자궁으로 삽입해 착상을 시도한 것이다. 하지만 실패였다. 다른 사람들은 수정란을 착상^{implantation} 시키기 전에 수일 동안 실험실 배지에서 키우는 과정에 문제가 있었던 것이라고 생각했지만, 스텝토우와 에드워드는 동의하지 않았다. 왜냐하면 접합자는 형태학적으로 정상적인 포배로 발생했기 때문이었다. 그들은 여성이 여러 개의 난자를 성숙시키도록 유도하기 위해 복용한 약물이 생리 주기를 짧게 만들어 배가 다시 모체에 착상되었을 때 자궁이 이미 내벽을 파괴할 준비가 되어 버려 착상을 막는 것으로 생각했다. 그들은 여성에게 고나도트로핀, 에스트로겐^{estrogen}, 프로게스테론^{progesterone}을 처방하여 이 문제를 해결하고자 했다. 10년이 지난 후 그들의 연구는 임신이 되도록 처방했던 그 몇 가지 호르몬들이 실제로는 배의 성장을 저해한다는 결과만 보여 주고 말았다. 결국 어떠한 성과도 없이, 1974년에 스테

착상   태반 포유류에서 배가 자궁내벽에 붙는 현상

에스트로겐   성분화와 생식 주기에 중요한 역할을 하는 여성 스테로이드 호르몬

프로게스테론   임신을 하고, 또 이를 유지하는 데 필요한 여성 스테로이드 호르몬

로이드 호르몬의 처방을 금지했다.

　1975년 여름에 최초의 임신검사 양성반응이 나왔다. 부가적인 호르몬 금지 처방이 도움이 될지 확실히 알 수가 없는 상황이었다. 실망스럽게도 그 임신은 자궁외임신^{ectopic}이어서, 스텝토우는 즉시 태아를 제거해야만 했다. 다른 여성들도 임신이 되었지만, 어떤 경우도 처음 세 달을 넘기지 못했다.

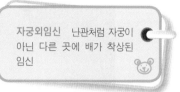

자궁외임신　난관처럼 자궁이 아닌 다른 곳에 배가 착상된 임신

　1977년 여름에 이르러 스텝토우와 에드워드는 임신촉진제의 사용 없이 시험관 수정과정을 시도해 보기로 합의했다. 이는 여성의 자연 생리주기를 파악하여 난자가 성숙되는 시기에 얻어지는 단 한 개의 난자를 사용해 수정을 시도할 것을 의미했다. 에드워드는 여성의 소변에서 황체형성호르몬^{LH}의 농도를 측정해 그 소중한 난자의 채취시기를 결정하는 표지로 삼았다.

　둘이 연구의 기계적인 장애를 극복하고자 노력하고 있는 동안, 그들은 또한 성직자들과 다른 과학자들, 그리고 그들의 연구가 비윤리적이라고 생각하는 대중들의 공격을 견뎌내야 했다. 반대하는 사람들은 그들의 연구가 비정상적인 방법으로 아기를 만들어내어서 선택적인 교배를 가능하게 하고, 연구과정에서 수많은 배를 죽이고 있다는 점을 들어 '신을 놀리는 행위'라고 표현했다. 영국 의회는 조사에 착수하여 다른 영장류에 대한 선행실험이 더 필요하다며, 스텝토우와 에드워드에 대한 연구비 지원을 차단했다.

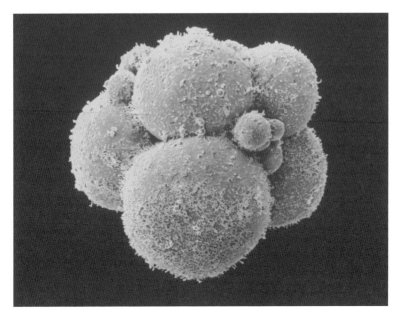

8세포기, 자궁에 착상되기 전 사람의 배아

    아이러니하게도 그러는 사이, 스텝토우는 연구비를 벌기 위해 합법적인 낙태시술을 했다. 두 사람은 사람들의 주목과 스포트라이트를 피하기 위해 최선을 다했지만, 그들의 은둔생활은 더욱 큰 의심과 비판을 불러 일으켰다.

성공

    1976년 9년 동안이나 아이를 갖지 못한 레슬리 브라운이라는 난관이 막힌 여성이 아기를 갖기 위해 스텝토우의 도움을 구하러 찾아왔다. 그 이듬해, 스텝토우는 브라운의 골반강 내에서 막힌 난관과 몇 개의 유착물들을 제거하는 수술을 했다. 1977년 11월 10일, 스텝토우는 전기흡입펌프를 사용해 그녀의 왼쪽 난소에서 성숙한 난자 한 개를 채취했다. 에드워드는 그녀의 남편으로부터 얻은 정자를 준비했다가 그 난자에 첨가했다. 이틀 반나절 후, 스텝토우는 8세포기의 배를 브라운의 자궁에 이식했다.

몇 주가 지나도 브라운이 월경을 시작하지 않자 모두가 희망을 갖기 시작했다. 반복된 검사를 통해 정말 임신이 되었음이 확인되었다. 시험관에서 수정된 난자가 정상적으로 착상된 것이다! 이것은 의학적인 기적이었다. 3개월 후, 유전사 검사 결과 브라운의 아기는 정상적인 염색체를 가진 여자 태아였다. 브라운이 임신 말기에 그녀의 건강과 아기의 건강을 동시에 위협하는 독혈증에 걸려 스텝토우는 제왕절개수술로 아기를 받아냈다. 1978년 7월 25일, 올드햄에서 루이제 조이 브라운이 2.6kg의 무게로 태어났다. 아기는 정상이었고, 건강했으며, 태어나자마자 우렁차게 울었다.

스텝토우와 에드워드는 연구결과를 즉시 논문으로 발표하지 않고, 그 대신 루이제가 태어난 지 이틀 후에 기자회견을 열었다. 그들은 상세한 연구과정을 밝히지는 않고 시험관 수정이 머지않아 불임 치료의 일반적인 방법이 될 것이라는 점만 언론에 확신했다.

스텝토우는 1978년 10월에 시카고 생식연구기관 배런 재단으로부터 상을 받기로 되어 있었지만, 재단 측은 과학 학회지에 연구 결과를 출판하지 않았다는 이유로 시상을 취소했다. 스텝토우는 일반적으로 과학자들이 연구 업적을 연구 완성 후 1년까지는 논문을 내지 않는다고 답변했다. 대중지의 기사는 스텝토우가 타블로이드판 신문사로부터 거액의 돈을 받고 자신의 이야기를 독점 게재한 것이 아니냐며 비난했다. 스텝토우는 그런 주장은 터무니없는 것이며, 자신이 완전히 공표된 시험관 아기 출생 사실을 가지고 어떠한 경제적인 이득도 보지 않았다고 주장했다. 하지만 브라운 부부는 신문사와 기사 독점게재계약을 맺었고, 그것은 그들의 권리였다.

1979년 1월 26일, 런던에서 열린 왕립 산부인과학회에서 스텝토우와 에드워드는 그들이 그동안 수행한 연구와 IVF의 전 과정을 상세하게 발표했고, 그들은 학회로부터 최초로 기립박수를 받았다. 스텝토우는 그로부터 일주일 후, 캘리포니아 샌프란시스코에서 열린 미국생식학회에서 또 한 번의 기립박수와 상패를 받았다.

브라운의 임신이 성공한 이후 얼마 지나지 않아서 세 명의 다른 여성들이 임신을 했다. 한 명은 몇 주 안 되어 유산했고, 다른 한 명은 20주가 지나 조산하는 바람에 아이를 잃었다. 하지만 나머지 한 명의 임신은 두 번째 시험관 아기이자 건강한 남자아이인 엘라스태어를 탄생시켰다.

수백만 명의 희망

스텝토우는 1978년 영국 국민건강보험에서 은퇴하고 케임브리지 근처에 자신이 사망할 때까지 경영한 개인 IVF 전문 병원을 차렸다. 1986년까지 그가 보른 홀 병원에서 도운 임신의 수만 1,000여 건에 이른다. 결국 스텝토우의 업적은 사람들의 찬사를 받았고, IVF는 그의 확신대로 전 세계적으로 흔한 시술이 되었으며, 1988년 에드워드와 그 둘 다 대영제국의 작위를 받았다. 1987년 왕립학회는 스텝토우를 이사로 추대했고, 1985년에는 왕립 산부인과 학회로부터, 1988년에는 영국의학협회로부터 그간의 공로를 인정받아 금메달을 수여했다. 스텝토우는 또한 미국과학아카데미, 뉴욕 생

식학회, 미국 생식학회와 다른 여러 학회에서도 상을 받았다. 그는 1977년 국제 생식학회연합의 의장을 지냈으며, 1974년부터 1986년까지 영국 생식학회 최초의 의장이었다.

패트릭 스텝토우는 1988년 3월 21일, 영국 캔터베리에서 전립선암으로 세상을 떠났고, 그의 무덤은 보른 교회에 세워졌다. 그의 연구는 수백만 명에게 인정받았고 기억되었다. 오늘날 내과의사들은 복부 통증이나 불임의 원인을 진단하기 위해 스텝토우가 개발한 복강경 수술을 행하고, 환자들은 수술 후 몇 시간 내에 집으로 돌아간다. 전 세계적으로 수십만 명의 아이들이 IVF를 통해 태어났다. 몇몇 사람들은 아직도 IVF에 의한 임신이 부자연스럽고 비도덕적이라고 생각하지만, 스텝토우와 에드워드에 의해 개발된 시험관 수정 과정의 혜택을 맛본 사람들은 그 기술을 기적과도 같다고 생각한다.

1980년대 초반, 17세의 소년이 고환암 치료를 받아 불임이 되고 말았다. 항암 치료를 시작하기 전에 그는 자신의 정자 표본을 액체질소에 넣어 냉동 보관했고, 21년 후, 한 과학자가 그의 정자를 해동시켜, 그의 부인에게서 채취한 난자에 넣고 수정시켰다. IVF를 통해 그는 아들을 얻었고, 모든 기술적 장애와 사회적 비판을 감내하고 불임부부들에게 희망을 안겨준 의사 패트릭 스텝토우에게 감사했다.

현대 보조생식기술(ART)

불임부부들의 80퍼센트에서 95퍼센트는 약물 사용이나 생식기관 복원 수술을 통해 성공적으로 치료가 가능하지만, 나머지 불임부부들은 임신해서 건강한 아이를 갖기 위해 좀 더 복잡한 치료가 필요하다. 보조생식기술^{ART}은 일반적으로 정자와 난자 둘 모두를 다루는 절차를 일컫는다. 따라서 약물 사용 자체나 정자를 여성의 자궁경부에 삽입시켜 주는 인공정자주입술은 포함되지 않는다. 일반적으로 시험관 수정^{IVF}, 배우자 나팔관 내 이식술^{GIFT}, 그리고 접합자 나팔관 내 이식술ZIFT 세 가지가 ART과정으로 사용된다.

스텝토우와 에드워드에 의해 개발된 방법인 IVF는 세 가지 모든 기술의 기본이 되며, ART 절차의 98퍼센트를 차지한다. IVF는 난관이 막혔거나 아예 없는 여성들과 정자수가 적은 남성에게 도움을 줄 수 있다. 대개 여성에게 배란 유도제를 투입하여 난소에서 여러 개의 난자를 성숙시키도록 자극한다. 조심스럽게 조절된 임신촉진제 처리를 하면서 2주를 보내고, 의사는 초음파로 탐색하여 주사기로 난자를 뽑아낸다. 아버지에게서 얻은 정자 표본은 세척해서 채취된 난자가 들어 있는 페트리 접시에 첨가하는데, 그 페트리 접시는 특수하게 만들어진 배양배지이며, 배우자들은 14시간에서 18시간까지 함께 배양된다. 이 시간까지 정자는 난자를 뚫고 들어가 접합자를 형성하게 되고, 이 접합자를 세포분열에 적합한 새로운 배지로 옮긴다. 병원에 따라 하루 반나절에서 닷새까지의 시간이 지난 후에 의사는 현미경을 사용해 가장 건강한 배들을 선별하여 질과 자궁경부를 지나는 카테터를 이용하여 자궁내에 착상시켜 준다. 스테로이드 호르몬인 프로게스테론의 투입으로 자궁내벽을 두껍게 유지해 착상을 준비하도록 도와준다.

　GIFT도 IVF와 같은 방법으로 시작한다. 여성에 배란유도제를 투약하고, 채취된 난자는 준비된 정자 표본과 섞는다. IVF와 다른 점은 GIFT에서는 난자 채취 직후에 바로 정자와 혼합하여 복강경을 이용해 자연적으로 수정이 일어나는 장소인 난관에 함께 집어넣어 준다는 것이다. 물론 여성은 이 시술을 위해서 적어도 한쪽은 정상적으로 열린 난관을 가지고 있어야 한다. GIFT를 사용하면 의사가 수정이 일어났는지 일어나지 않았는지에 대해서는 알 수가 없다. ZIFT에서는 시험관에서 난자가 수정되고 세포분열이 일어나기 전 접합자 상태로 난관에 주입된다. 의사는 접합자가 정상적인 포배로 발생할 것인지에 대해서는 알 수 없다.

연 대 기

1913	6월 9일 영국 옥스퍼드셔주 위트니에서 출생
1935-39	런던 대학 성 조지 병원에서 근무
1939	의사면허 획득. 왕립외과대학 입학
1939-46	영국 해군에서 복무
1947-49	성 조지 병원 산부인과 수석 수련의로 근무
1948	왕립산부인과대학 입학
1949-51	랭카셔의 올드햄 지역 통합병원에서 근무
1961	왕립산부인과대학 졸업
1965	복강경 수술에 대한 첫 번째 논문 발표
1968	생리학자 로버트 에드워드와 협력연구 시작. 최초의 시험관 수정 성공
1972	시험관 수정된 접합자를 사용한 최초 착상 시도
1978	최초의 '시험관 아기' 탄생. 영국 국민건강보험에서 은퇴. 케임브리지 근처 개인병원 오픈
1988	3월 21일 전립선암으로 영국 캔터베리에서 사망

"
세포생물학과 분자생물학
연구와 유전공학에 있어
엄청난 발전을 가능케 한
생명공학 기술인 중합효소
연쇄반응을 개발한
캐리 뮬리스
"

Chapter 9

생명공학의 선구자,

캐리 B. 뮬리스

Kary B. Mullis
(1944~   )

중합효소 연쇄반응(PCR)의 고안

유명한 과학자들을 한 방에 모아 놓고서 캐리 뮬리스의 이름을 이야기한다면 대부분 한숨을 쉬거나 불평을 할 것이다. 1993년 노벨 화학상을 공동수상한 뮬리스는 적어도 재밌는 성격이라고는 얘기할 수 있다. 그렇지만 스스로도 인정하듯이 그는 다소 거칠고, 거만스럽고, 관습 따위는 신경 쓰지 않는 성격이었다. 노벨상을 수상한 사실을 알게 된 날도 그는 기자들을 따돌리고서는 서핑을 하러 가 버렸다. 게다가 노벨상 수상식에는 그의 전처와 당시 여자 친구를 함께 데리고 참석했다.

그는 중합효소 연쇄반응^{polymerase chain reaction}: PCR이라는 독보적인 기술을 개발했다. 중합효소 연쇄반응은 복잡한 염색체 세트인 게놈으로부터 디옥시리보핵산^{deoxyribonucleic acid}: DNA의 특정한 조각을 분리시켜 이를 증폭시키는 문제를 해결해 주었다. 이것을 이용하면 아주 작은 숨어 있는 유전자 조각이라도 단 몇 시간 만에 수백만 배로 불릴 수 있었다. 이러한 강력한 기술을 그가 고안한 덕택에 의학, 유전학, 생명공학, 수사과학을 비롯한 수많은 영역에서의 연구가 한층 쉬워지고 빨라지게 되었다. 더구나 PCR의 응용범위는 아주 넓다. 전염성 있는 미생물을 찾는 데도 이용되며, 분류학에서의 DNA 분석에도 이용된다. 또한 종자 산포에 관한 생태학적 연구와 범죄 용의자를 판별하기 위한 유전자 지문에도 사용되며, 멸종위기

> **중합효소 연쇄반응** 특정 DNA 서열을 많은 양으로 만들어내는 생명공학적인 방법
>
> **디옥시리보핵산** 유전 물질의 본체가 되는 분자. 진핵세포의 핵 안에 있음

에 처한 동식물의 불법적인 거래를 제한하는 데에도 이용된다. PCR의 사용가능성은 무궁무진하며 하루가 다르게 발전하고 있다.

폭발사고와 화학

캐리 B. 뮬리스는 1944년 12월 28일 노스 캐롤라이나 주 르누 아르에서 아버지 세실 뱅크스 뮬리스와 어머니 버니스 앨버타 바커 뮬리스 사이에서 태어났다. 캐리의 이름은 그의 증조부의 이름을 땄지만 캐리는 알파벳 K를 씀으로써 알파벳 C를 쓰는 그의 증조할아버지와 이니셜을 다르게 표기했다. 캐리는 어린 시절을 블루리지 산 기슭의 언덕마을에 있는 할아버지의 농장에서 보냈다. 그곳은 젖소와 닭과 건초, 그리고 복숭아나무로 가득 찬 곳이었다. 그는 여름이면 캐롤라이나의 햇살을 받으며 형과 나무더미나 과수원 속을 신나게 뛰어다니며 놀았다.

뮬리스네 가족은 캐리가 5살이 되던 때 사우스 캐롤라이나 주의 콜롬비아로 이사를 했다. 캐리가 처음으로 과학을 접한 것은 크리스마스 선물로 화학 실험 도구 세트를 선물 받으면서부터였다. 그는 약국에서 화학약품들을 사서 이것저것 실험해 보았다. 드레허 고등학교의 화학 선생님은 캐리와 그의 친구들이 화학에 열정을 갖고 있는 것을 무척 대견하게 생각했다. 그래서 선생님은 캐리와 친구들이 방과 후 시간에 마음껏 실험실을 쓸 수 있도록 허락해 주었다. 한번은 캐리가 질산칼륨과 설탕을 조합해서 가열해 직접 만든 로켓을 발진시킬 수 있다는 것을 알아낸 적이 있었는데, 그때 그는 살아 있는 개구리를 하늘로 1마일 넘게 쏘아 보내기도 했다. 캐리가 주니어 공학기술연구회의 회장이었을 때, 그는 자신의 친구와 함께 초등학생들 앞에서 과학 시범을 보인 적이 있었다. 도입부에서 불꽃 제조술의 시범을 보여 주려고 한지 얼마 되지 않아 도가니가 폭발해 버렸다. 아무도 다치지 않았지만, 적어도 한 소년, 폭발 중에 날아오는 유리 한 조각을 잡아버린 어린 캐리에게만은 그 폭발이 일생일대의 영향을 미쳤다. 이 일이 있은 후 캐리는 화학에 푹 빠져 버렸다. 하지만 후에 캐리의 특이하고 거친 행동은 다른 과학자들을 두렵게 만들었으며, 기행을 일삼는 그를 동료들은 싫어했다.

DNA에 이르기까지의 방황

캐리는 조지아 공대에 입학했으며 1966년 화학 학사학위를 받았다. 여름에는 그는 한 친구와 함께 유기화합물을 합성해서 이를 설비업체에 팔곤 했다. 그들은 친구의 차고에 실험실을 차리고, 다른 제조회사들이 한정된 수량을 위해 만들기에는 너무도 위험해서 생산을 중단한 화학물질들만 전문적으로 만들었다. 하지만 친구의 할머니가 빨래를 하러 차고에 들어오시다가 사고로 최루가스를 마시는 바람에 연구실을 낡은 닭장으로 옮겼다. 캐리는 일생 동안 앞을 향해 달렸지만, 그가 지나간 뒤에는 불운한 사건들의 흔적이 남았다.

아직 대학생일 때 뮬리스는 리처드라는 여성과 결혼해서 딸 루이스를 낳았다. 버클리의 캘리포니아 주립대학^{UCB}에서 뮬리스의 생화학 전공 대학원 입학을 허가했기 때문에 가족들은 서부로 이사했다. 뮬리스의 박사논문 지도교수인 조 닐랜즈는 미생물의 철분 수송에 관한 전문가였다. 그러나 그는 대학원생들에게 자신이 관심 있는 분야를 탐구하라고 격려해 주었다. 뮬리스는 1972년 '미생물의 철분 수송 인자들의 구조와 유기적 분석'이라는 제목으로 박사논문을 완성했다. 대학원의 박사논문심사위원회는 처음에 그에게 박사학위를 수여해야 할지를 망설였으나, 뮬리스는 1968년에 이미 저명한 과학 잡지인 〈네이처〉지에 논문이 실린 적이 있었기에 곧 박사학위를 수여하는 것이 정당한 것이라고 생각하게 되었다. 〈네이처〉지에 실린 논문은 그의 박사학위 논문과는 상관없는 것으로 천체물리학에 관한 것이었다. 〈시간반전의 우주론적 중요성〉이라는 논문에서 그는 우주에 존재하는 물질 중 반이 시간을 거슬러 가고 있다고 암시했다. 그런데 들리는 소문에 의하면 이 논문에서 뮬리스가 보여 준 우주에 대한 심도 있는 고찰은 환각제를 복용한 상태에서 그에 영감을 받아 나온 것이라고 한다. 박사학위를 받을 때 즈음 뮬리스는 이혼을 하게 되었고, UC 버클리에서는 생화학 분야 강사로 1년을 더 보내었다.

1973년에 뮬리스는 재혼을 했고, 그의 두 번째 아내가 캔자스 주립대[UK]의 의과대학에 입학하자 캔자스로 이사를 했다. 그녀는 곧 그를 떠났고, 다음 해에 그는 세 번째 결혼을 했다. 그녀의 이름은 신디아 깁슨으로 간호사였다. 뮬리스는 그녀와의 사이에 크리스토퍼와 제레미 두 아들을 가지게 되었다. 캔자스에서 뮬리스는 소설을 써 보려고 했지만 영감이 부족해서 실패했다. 그래서 다시 직업을 구했는데 이번 직업은 UK 의료센터의 소아 심장학과에서 만성 폐질환에 대한 생화학적 연구를 하는 일이었다. 그러다가 뮬리스는 다시 버클리로 돌아와서 2년간 레스토랑과 커피숍을 경영했다. 그 후 1977년에 샌프린시스코에 있는 캘리쏘니아 수립대학에 직장을 얻어 엔돌핀에 대해 연구했다. 엔돌핀은 뇌에서 분비되며 모르핀과 비슷한 화합물로서 마약처럼 고통을 억제하고 행복감을 느끼게 해 준다. 캔자스 주립대에 있었을 때처럼 일은 반복적이고 그의 적성과 학력에 어울리지 않는 것이었지만, 그나마 그일 덕분에 뮬리스는 다시 연구를 하는 분야로 돌아올 수 있었다.

뮬리스는 여지껏 DNA에 관심을 가진 적은 없었다. 그러나 소마토스타틴 유전자(성장호르몬이나 인슐린과 같은 다른 호르몬의 분비를 억제시키는 폴리펩티드 호르몬에 관한 유전암호를 포함하고 있음)의 복제에 관한 세미나 참석 후, DNA에 완전 매료되어 DNA와 그 합성 연구에 빠져 버렸다. DNA는 네 개의 뉴클레오티드[nucleotide] A, C, G와 T로 이루어진 긴 사슬이다. 뉴클

> 뉴클레오티드　DNA의 구성단위. 서로 다른 네 종류의 뉴클레오티드(A, C, T, G)가 서로 연결되어 DNA 한 가닥을 형성함

레오티드의 배열에는 세포 내 단백질 합성에 관한 암호가 숨겨져 있다. 각각의 뉴클레오티드는 특히 서로 다른 뉴클레오티드와 쌍을 이루며 A는 T와, C는 G와만 상보적으로 쌍을 이룬다. DNA 두 가닥은 서로 감싸는 듯한 이중나선 형태를 이루고 있다. 이처럼 특이하게 DNA 가닥은 쌍을 이루기 때문에 DNA 한 가닥의 배열을 알면 소위 상보적complementary인 가닥의 배열도 알 수 있다. 세포 안에 있는 DNA 중합효소DNA polymerase는 DNA 한 가닥을 주형으로 읽은 후 그에 상보적인 뉴클레오티드를 가져와 반대편 가닥을 만드는 방식으로 새로운 DNA 유전자를 합성하는 일을 한다. 원본이 되는 원래의 DNA 가닥을 주형가닥, 새로 합성된 DNA를 신생가닥이라고 하며, 복세가 일어난 후의 DNA는 이중나선 중 한 가닥은 원래의 주형가닥으로, 나머지 한 가닥은 신생가닥으로 이루어져 반보존적인 복제가 일어난다.

> **상보적** DNA 한 가닥의 서열을 알면 나머지 한 가닥의 서열도 결정할 수 있을 정도로 DNA 두 가닥 사이에서 4종류의 염기가 정확하게 서로 쌍을 이루는 것
>
> **DNA 중합효소** 새로운 DNA 분자를 합성하는 효소

농도 문제

1979년 뮬리스는 캘리포니아의 에머리빌에 있는 세투스사에 DNA 화학자로 취직했다. 거기서 그는 DNA 합성에 관해 빠른 속도로 학습했고, 짧은 외가닥 DNA 사슬인 올리고뉴클레오티

드^{oligonucleotide}를 효율적으로 합성하는 방법을 개발했다. 세투스사 내의 한 팀은 DNA 위에 있는 한 쌍의 염기가 변화된 점 돌연변이를 탐색하는 방법을 연구하고 있었는데, 점 돌연변이는 몇몇 유전병의 원인으로 심각한 효과를 내기도 했다. **다량체 제한**^{oligomer restriction} 분석법은 올리고뉴클레오티드를 제한효소로 잘라 보는 것으로, 서열의 변화를 탐지하는 간단한 방법이긴 했지만, 별로 믿을 만하지도, 효과적이지도 못했다. 다량체 제한 분석법의 첫 번째 단계는 DNA 시료를 가열해서 서로 상보적인 두 가닥을 벌려 떨어뜨리는 것이었다. 주형 DNA를 담고 있는 튜브에다 주형과 상보적인 올리고뉴클레오티드를 합성하여 넣어주면 **주형**^{template}과 올리고뉴클레오티드 사이에 **혼성화**^{hybridization}가 일어난다. 혼성화란, 상보적인 두 가닥이 지퍼를 잠글 때처럼 주르륵 맞붙게 되는 현상이다. 인공적으로 합성한 올리고뉴클레오티드를 자외선에 노출했을 때 형광을 내뿜는 방사성 염료로 염색을 해두면, 후에 DNA에서 혼성화가 일어난 위치를 확인할 수가 있다. 제한효소는 DNA의 특정한 서열을 인식하고 그 자리제한(효소의 표적서열, 제한 자리라고도 함)만을 잘라 주는 효소인데, 만약 DNA에 돌연변이가 없으면 **제한효소**^{restriction}

올리고뉴클레오티드 대략 20개 정도의 뉴클레오티드가 연결된 짧은 DNA 조각

다량체 제한 DNA의 점돌연변이를 찾기 위해 사용되던 예전 방법

주형 DNA 복제가 일어날 때, DNA 중합효소가 새로 합성하는 DNA의 뉴클레오티드를 결정하기 위해 읽는 기존의 DNA 가닥

혼성화 상호보완적인 DNA 두 가닥이 서로 만나 뉴클레오티드 염기 사이에 특수한 수소 결합이 일어나는 과정

제한효소 DNA 분자의 특정 서열을 인식하고 그 자리를 끊어 주는 단백질

enzyme를 처리했을 때 표적 서열제한 자리에서 DNA가 제대로 잘리게 된다. 반대로 제한 자리에 점 돌연변이가 일어난 DNA라면 제한효소가 그 부분을 인식하지 못해 DNA가 잘리지 않는다. DNA를 분석한 결과는 이와 같은 방법이 특정 질병을 유발하는 돌연변이를 검사하는 데 효과가 있음을 확인시켜 주었다.

뮬리스는 올리고뉴클레오티드를 신장시키기 위해 DNA 중합효소를 넣어 올리고뉴클레오티드 제한 분석법을 개선시키는 방법을 생각해 보았다. DNA 중합효소는 주형가닥의 짝이 없는 뉴클레오티드를 '읽고', 적절한 상보적인 염기를 가진 뉴클레오티드를 사용하여 새로운 가닥을 만들어 주는 역할을 해 줄 것이었다. 그가 다이디옥시뉴클레오티드 dideoxynucleotide라고 불리는 특별한 형태의 뉴클레오티드를 사용하면, 중합효소는

다이디옥시뉴클레오티드 화학적으로 변형된 뉴클레오티드로 다른 뉴클레오티드가 붙지 못하게 되어 있음

올리고뉴클레오티드에 단 한 개의 뉴클레오티드만을 첨가할 것이었다(다이디옥시뉴클레오티드는 보통 DNA를 이루고 있는 기본 단위인 디옥시뉴클레오티드에서 3번 탄소의 산소가 하나 없기 때문에, DNA가 합성되는 과정에서 다음에 첨가될 뉴클레오티드가 3번 탄소의 방향으로 연결될 수 없어 더 이상의 합성이 일어나지 않고 종결된다). 뮬리스는 염기마다 색이 다른 방사성 표지를 단 다이디옥시뉴클레오티드를 넣은 네 종류의 반응을 준비해서, 주형사슬 위에서 돌연변이가 있는 부분의 뉴클레오티드를 확인할 수 있었다. 점 돌연변이를 확인하는 뮬리스의 방법은 정제된 DNA 시료에서는 잘 통했지만, 관심 있는 특정서열이 시

료 내에서 충분히 많지 않으면 민감도가 충분하지 않아 확인하기 어려웠다. 다른 사람들이 혼성화된 DNA의 위치를 확인하는 마지막 신호인 방사성의 강도를 증가시키는 방법을 고민하는 동안, 뮬리스는 관련된 특정 DNA 서열의 농도를 증가시킬 방법을 고심했다.

1983년 5월 어느 금요일 저녁이 될 때까지 이 생각은 그의 머릿속을 떠나지 않았다. 그날 밤 뮬리스는 멘도시노에 있는 자신의 통나무집으로 여자 친구와 함께 차를 타고 가는 중이었다. 그는 올리고뉴클레오티드는 저렴하고 만들기 쉬우니까, 서로 상보적인 올리고뉴클레오티드 두 가닥을 반응시켜 이중가닥을 만들면 어떨까 생각해 보았다. 상보적인 DNA 두 가닥이 가지는 고유한 방향성 때문에 각각의 올리고뉴클레오티드는 서로 반대 방향으로 합성될 것이었다. 올리고뉴클레오티드의 원래 길이가 다르다면, 모자란 부분은 나중에 다시 합성할 수도 있고, 한 가닥이 주형이 되어 나머지 한 가닥의 합성을 조절할 수 있을 것이었다. 이 절차가 좀 복잡하게 들릴지도 모르지만, 알려진 방법들의 기본적인 논리에 근거한 것이라 실험실에서 실험해 보기에는 기술적으로 간단한 것이다.

뮬리스는 아직 농도에 관한 문제를 풀지 못했지만, 실험을 위해 싸고 유용한 조절 메커니즘을 생각해낸 자신이 자랑스러웠다. 잠재적인 문제들을 고민하는 동안, 그는 혼합물 내에 존재하는 다른 뉴클레오티드들을 고려했다. 뉴클레오티드가 특정 다이디옥시뉴클레오티드보다 더 많으면 결과 분석이 어려워진다. 뉴클레오티드를 제거하기 위해 DNA 중합 효소를 시료와 함께 넣어 그것들을 다 써

버리게 하고, 남아 있는 DNA 이중가닥을 분리하기 위해 다시 가열한다. 가열한 혼합물을 식히는 중에 새로 합성해서 집어넣은 올리고뉴클레오티드와 표적 DNA가 서로 혼성화될 것이고, 그 후 바로 다이디옥시뉴클레오티드와 새로운 DNA 중합효소를 넣어 합성을 시키면 문제가 해결된다. 만약, 다이디옥시뉴클레오티드가 붙은 새 올리고뉴클레오티드가 너무 길면, 그다음에 첨가된 새 올리고뉴클레오티드와 혼성화될 가능성이 있지 않을까 하는 생각이 들었다.

하나의 문제가 꼬리에 꼬리를 물기 시작했고, 그는 자신의 생각이 가망 없는 것이 아닐지 의문스러워졌다. 새로 고안한 이 시나리오의 결과가 뭘까? 뮬리스는 불현듯 결과가 같을 것이라는 생각이 들었다. 원래 DNA와 새로 합성된 올리고뉴클레오티드의 서열이 동일하니까, DNA 농도가 두 배가 된 것이었다. 성가시게 생각했던 뉴클레오티드를 의도적으로 첨가함으로써, 그는 다시 한 번 이와 같은 현상이 일어남을 확인했고, 그 과정은 계속 반복되었다. 첫 번째 DNA 중합효소 반응은 원래 DNA 양을 두 배로 만들었고, 두 번 반응을 시켰더니 4배, 3번을 시키면 8배로 증가했다. 10번을 반응시키면 원래 DNA 양의 백만 배나 되는 DNA가 생겼다. 뮬리스는 농도의 문제를 해결했을 뿐 아니라, 중합효소 연쇄반응을 발명하여 과학의 눈부신 비약을 이루어내었다.

단순한 것의 아름다움

중합효소 연쇄반응^{PCR}이라는 이름은 DNA 중합효소가 관여하는 주기의 반복, 혹은 반응의 연쇄에서 딴 것이다. PCR의 목표는 시료 안에 있는 특정 DNA 조각의 농도를 증폭시키거나 증가시키는 것이다. 주형이 되는 DNA 서열의 정보를 가지고 DNA를 복사하게 되는데, 과학자들은 주형 DNA의 원하는 부위에만 결합할 수 있는 올리고뉴클레오티드를 만들어낼 수가 있다. DNA의 중합반응을 개시시키거나 시작시키기 때문에 프라이머^{primer}라고 불리는 두 올리고뉴클레오티드는 반드시 이중 가닥 DNA 주형의 서로 다른 가닥에 각

> **프라이머** 유전학에서, 올리고뉴클레오티드가 DNA를 합성하기 시작할 때 사용하는 짧은 RNA 서열로, 새로운 뉴클레오티드가 첨가될 수 있는 자리를 제공함

각 붙어야 한다(영어로 primer는 입문, 혹은 첫걸음 이라는 뜻이다). 가열을 하면, 주형이 되는 DNA 두 가닥을 연결해주고 있던 결합들이 끊어져서 서로 분리된다. 가열한 시료를 식히는 중에 프라이머가 외 가닥이 된 주형 DNA의 선택된 부분에 혼성화되어 붙게 된다. 그다음, DNA 중합효소가 새로운 뉴클레오티드를 프라이머 뒤에 첨가하여 이를 신장시키고, 첫 번째 주기가 완료된다. 두 번째 주기가 시작될 때 이중가닥 DNA 사슬에서 한 가닥은 원래의 주형사슬이고, 나머지 한 가닥은 새로 합성된 사슬로 이루어져 있다. 이 이중가닥을 다시 분리하기 위해서 또 가열하게 되는데, 가열에 의해 DNA 이중 가닥이 풀어져 한 가닥이 되는 현상을 변성이라고 부른다. 온도

가 떨어지면서 새로운 프라이머가 원래 가닥과 신생 가닥 둘 다의 상보적인 DNA 부분에 부착하게 된다. 다시 DNA 중합효소는 새로운 이중가닥 DNA 분자를 형성하며 프라이머를 신장시킨다. 이론적인 DNA 양은 20번의 주기가 끝날 때까지 백만 배($2^{20}=1,048,576$), 30번의 주기가 끝날 때까지는 십억 배($2^{30}=1,073,741,824$) 증가하게 된다.

뮬리스는 실험하는 사람들에게 특정 DNA를 무제한 공급할 수 있는 방법을 찾아냈다. 그는 너무 흥분해서 멘도시노로 가는 길에 두 번이나 차를 멈춰야 했다. 개념이 너무 단순해 보였기 때문에 이미 다른 누군가가 먼저 시도했을 것이라 확신했다. 그래서 자신의 생각이 독창적인 것이 아니라는 증거나, 혹은 자신이 생각하는 방법이 아직 사용되지 않는 특별한 이유를 찾아내기 위해 월요일 오전을 세투스의 도서관에서 보냈다. 아무것도 찾아내지 못하자, 분자생물학을 전공한 친구들에게 조언을 구하기 시작했는데 그때까지도 여전히 그 생각은 이론적으로 결함이 없어 보였다. 여름 내내, 그는 PCR에 대해 공공연히 말하고 다녔고, 심지어 세투스 내에서 그 주제에 대한 세미나를 열기도 했지만, 사람들은 별로 관심을 갖지 않았다. 이 기술의 잠재적인 유용성과 미래의 성공 가능성을 예견할 수 있는 사람은 오직 뮬리스 단 한 사람뿐이라는 것이 자명했다.

아마도 뮬리스는 실망했거나, 아니면 그저 자신의 생각에 도취되어 있었는지도 모르지만, 9월이 되어서야 PCR에 대한 첫 번째 실험을 시작했다. 그는 표적 DNA로 사람 게놈 안에 하나밖에 없는 신경

성장인자 유전자에서 400염기쌍 길이의 조각을 취하여 적절한 프라이머를 만들었다. 사람 DNA와 신경성장인자 프라이머를 작은 튜브에 같이 넣고, DNA가 변성되도록 끓인 후, 식힌 다음 DNA 중합효소를 넣고 37℃에서 하룻밤 두었다.

다음날, 그는 떨리는 마음으로 젤 전기영동과 자외선에 노출시켰을 때 형광을 발하게 하는 염색법을 사용하여 400염기쌍 길이의 DNA 조각을 찾아 보았다. 아무것도 발견하지 못했지만, 뮬리스는 크게 놀라지 않았다. DNA 두 가닥이 서로 분리되는 속도가 너무 느리기 때문에 DNA를 변성시키려면 매 주기가 끝날 때마다 튜브를 다시 가열해야 함을 의미했다. 고온에서는 DNA 중합효소가 모두 파괴되어 버리기 때문에 변성 후마다 새로운 효소를 첨가해 주어야 했다. 이 과정은 뮬리스가 예상한 것보다 시간이 많이 소모되는 것이었다. 그는 3개월 동안 반응물의 농도와 온도, 배양 시간을 변화시켜 보며 실험했고, 심지어 표적 DNA를 플라스미드의 특정부분으로 바꾸어 보기도 했다(플라스미드는 몇몇 원핵세포에서 발견되는 부수적인 DNA분자로 닫힌 고리모양이다). 그의 인내심이 빛을 발하여, 1983년 12월 16일, 캐리 뮬리스는 PCR을 사용하여 짧은 DNA 조각을 증폭하는 데 성공했다.

그는 자기 기술을 개선시키는 일을 계속했다. 1984년 6월까지, 뮬리스가 자기 연구를 하느라 여러 전문분야에 걸친 프로젝트 팀의 일원으로 일하기에는 무리가 있었기 때문에, 그는 세투스에서 직장을 잃을 위험에 처하기도 했다. 인사과에서는 뮬리스에게 PCR의

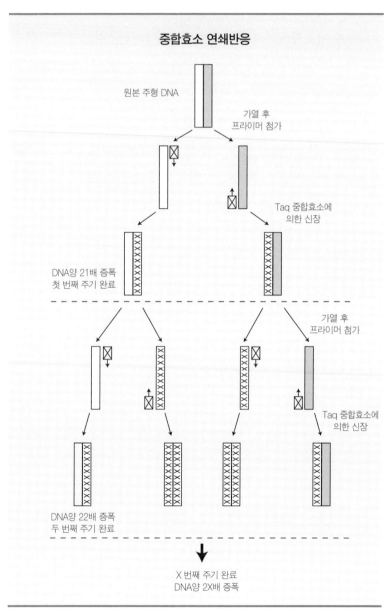

중합효소 연쇄반응

원본 주형 DNA

가열 후
프라이머 첨가

Taq 중합효소에
의한 신장

DNA양 21배 증폭
첫 번째 주기 완료

가열 후
프라이머 첨가

Taq 중합효소에
의한 신장

DNA양 22배 증폭
두 번째 주기 완료

X 번째 주기 완료
DNA양 2X배 증폭

실험실에서 DNA를 기하급수적으로 증폭시키기 위해 흔히 사용하는 중합효소 연쇄반응의
절차

장점을 증명하도록 1년의 유예기간을 주었다. 뮬리스는 자신이 벌써 성공했다고 생각했지만, 동료들은 더 확실하고 완성된 실험결과를 포함한 확고한 증거를 요구했다. 그해 11월까지 그가 실시한 실험들은 PCR이 제대로 기능하고 있음을 분명히 보여 주었고, 숙련된 기술자들은 DNA가 수십만 배 증폭되고 있음을 보여 주는 믿을 만하고 양적인 데이터를 얻을 수 있을 때까지 조건을 만들어 나갔다. 세투스는 1985년 3월 28일 PCR에 관한 최초의 특허를 신청했다.

점차적인 인정

이러한 성취는 곧 생명공학연구의 혁명을 가져올 것이었지만, 놀랍게도 일류 과학 정기간행물인 〈네이처〉지와 〈사이언스〉지는 그 논문이 너무 기술적이고 독창적이지도 않다며 출판을 거부했다. 뮬리스는 마침내 PCR에 관한 논문을 1987년, '중합효소 촉매 연쇄반응을 이용한 특정 DNA의 합성'이라는 제목으로 〈효소학의 방법〉지에 발표했다. 1985년 12월 〈사이언스〉지는 세투스의 다른 사람들과 공동으로 게재 신청을 했던 논문, 〈겸형적혈구 빈혈증 진단을 위한 베타 글로빈 유전자 서열의 효소에 의한 증폭 및 제한 자리 분석〉이 출판되었고 일곱 명의 공동저자 중 세 번째에 뮬리스의 이름이 들어 있었다. 뮬리스는 1986년 5월 콜드 스프링 하버 심포지움에서 PCR에 관한 강연을 했고, 그 내용은 '특정 효소에 의한 시험관 내 DNA 증폭: 중합효소 연쇄반응'이라는 제목으로 심포지움 회보

에 실렸다.

스웨덴 왕립과학학회는 1993년 DNA 기반 화학의 방법 개발에 공헌한 바를 인정하여, 캐리 뮬리스와 마이클 스미스에게 노벨 화학상을 공동 수여했다. 캐나다 사람인 스미스는 브리티시 컬럼비아 대학의 분자생물학자로 위치결정 돌연변이 조작법을 개발했다. 발견된 지 10년도 채 되지 않아 노벨상이 수여된 것은 과학연구에 있어 PCR이 가지는 놀랄 만한 효과를 입증하는 것이었다. 같은 해에 뮬리스는 PCR의 발명으로 유명한 재팬프라이즈를 수상했다.

세투스사는 E. I.뒤퐁드느무르앤컴퍼니사와 PCR에 대한 특허권 분쟁에 휩싸였다. 세투스사는 결국 승소했고, 후에 그 특허를 호프만 라로쉐사에 3억 달러를 받고 팔았다. 뮬리스는 1만 달러의 포상금을 받았는데, 그것은 세투스사가 개인 과학자에게 지급한 최고액수의 보너스였다. 그는 1986년 세투스사를 그만두고 샌디에이고에 있는 지트로닉스사에 분자생물학 과장으로 입사했다. 그곳에서 그는 잠시 동안 DNA 공학과 광화학을 연구했고, 1987년부터 많은 업체들을 대상으로 핵산화학에 대한 개인 컨설팅을 시작했다. 88년부터는 그것이 그의 직업이 되어 버렸다. 뮬리스는 항상 글을 쓰고 싶어 했고, 1998년 자신의 첫 번째 저서《정신의 영역에서 벌거벗고 춤추기》를 성공적으로 끝냈다. 이 책은 현대과학, 환각제 사용, 대기업의 작용, 로맨틱한 관계 등 다양한 주제에 대한 그의 생각과 의견을 자서전 형식으로 담고 있다. 같은 해에 뮬리스는 네 번째 부인 낸시 라이어 코스그로브와 결혼했고, 캘리포니아의 뉴포트비치와 앤더슨 밸리에 살고 있다. 그는 얼바인의 벌스타인 공대 명예교수였고, 최근 대체 면역에 대한 최신 특허를 가지고 벤처회사인 얼터뮨, LLC를 설립했다.

긍정적 평판과 부정적 평판

PCR 기술의 응용은 효율성과 신뢰도, 그리고 융통성을 더 개선시켰고, 뮬리스가 예견했던 대로, 그것의 사용은 눈 깜짝할 사이에 번져 나갔다. 결과적으로, 그는 1990년대 초반에 미국생명공학상 1991을 비롯하여, R&D 올해의 과학자상(1991), 캘리포니아 올해의 과학자상(1992), 토마스 에디슨상(1993) 이외에도 다수의 상을 받았다. 또한 1994년에는 사우스캐롤라이나 대학의 명예박사 학위를 수여받았고, 1998년에는 미국 발명가 명예의 전당에 이름이 올랐다.

모든 사람이 뮬리스가 그렇게 큰 명성을 얻을 만하다고 생각한 것은 아니었다. 사실 몇몇 사람들은 그가 노벨상을 받은 것도 모자라서 그렇게 좋은 평판을 얻었다는 사실에 분개했다. 환각제 복용자였다는 고백에서 알 수 있듯이 그는 과학 포스터에 나올 만큼 단정한 소년은 절대 아니었고, 예기치 못한 논란을 만드는 것으로 악명이 높았다. 그는 의학계에서 널리 받아들여지고 있는 이론임에도 불구하고, 인간면역결핍 바이러스[HIV]가 후천성 면역 결핍증[AIDS]을 유발하지 않는다고 주장했다. 또한 오존층이 전혀 손상되지 않았다고 해서 저명한 대기학자들을 당혹케 했다. 심지어 돌아가신 할아버지가 자신을 찾아와 며칠을 함께 보냈다고도 주장했고, 외계인을 만난 적이 있다고도 했으며 점성술을 지지했다.

뮬리스가 한 얘기들이 비록 우습게 들리기는 하지만, 그가 고안해내고 처음으로 적용한 방법 PCR의 유용성은 누구도 부인할 수 없다. 열에 안정한 Taq DNA 중합효소가 발견되고, 자동온도조절장치가 개발되어 과학자들의 일을 최소로 줄여 주었다. 연구자는 PCR을 몇 분 안 걸려 분비하고 몇 시간 지나 돌아와서 증폭되어 있는 시료를 꺼내기만 하면 된다.

PCR은 유전병을 진단하고, 감염성 세균을 확인하고, 친부가 누구인지 가리고, 범죄수사학에서 범인을 찾아내고, 멸종된 생물과 현존하는 생물 사이의 유연관계를 밝히는 등 다양한 분야에서 사용된다. 자동차 실내 장식품에 튀어 말라붙은 피 한 방울이나, 이빨 사이에 끼어 있던 작은 과일조각과 고대 왕조의 미이라까지, 단 하나의 DNA 분자만 있다면 PCR의 놀라운 기술을 이용하여 유용한 정보를 얻을 수 있다. 이제 PCR은 실험실에서 손쉽게 할 수 있는 기본적인 절차처럼 여겨진다. 실험실 연구자들은 더 이상 PCR이 DNA 양을 늘려 준다고 놀라워하지 않는다.

멀리스의 기념비적인 업적은 유전물질을 다루는 과학자들에게 혜아릴 수 없을 정도로 귀중한 방법을 선물하여, 오늘날 생명공학의 눈부신 발전을 가능하게 했다.

안정적인 효소

1983년 PCR이 발명된 후, 뮬리스는 그 기술을 자동화하고 대중화시키기 위해서 열에 안정한 DNA중합효소가 필요하다고 생각했다. 고온에서도 안정한 중합효소를 사용하면 연구자들이 매 주기 DNA 변성이 끝날 때마다 새 효소를 넣어 주어야 할 필요가 없어진다. 1986년 세투스사의 데이비드 겔판드와 수잔 스토펠은 세균 Thermus aquaticus의 DNA 중합효소인 Taq 중합효소를 정제해냈다. T. aquaticus는 열을 좋아하고, 막대기 모양으로 생긴 원핵생물로, 토마스 D. 브록이 1960년대 후반에 옐로우스톤 국립공원 그레이트 파운튼의 온천에서 처음으로 분리했다. 50~80℃의 온도에서 자라는 이 생물이 가진 효소들은 보통 70℃ 정도에서 최적의 활성을 보이지만, PCR 과정에서 DNA 변성이 일어나는 온도인 95℃에서도 파괴되지 않고 견딜 수 있다. 고온에서는 단백질과 DNA 같은 대부분의 생물학적 분자들이 파괴되기 때문에, 극한 환경에서 서식하는 생물의 발견은 정말 놀라운 것이다. T. aquaticus는 기존에 알려진 생물들과 너무나 달라서, 생물계의 세 번째 영역인 '고세균계'를 제안하게 되었고, 동시에 생명의 기원에 대한 단서를 제공했다. 고세균계는 원시 지구에 존재했던 것들처럼, 극한 환경에서 서식하는 원핵생물로 특징지어진다.

브록이 상업적으로 득이 되는 미생물을 따로 연구하지는 않았지만, 목적하지 않았던 기초 연구의 유용성을 잘 보여 준 발견이었다. 겔판드, 스토펠 등은 1989년 Taq 중합효소의 분리로 특허를 받았고, 같은 해에 3년 전 PCR에 관한 뮬리스의 논문을 거절했던 사이언스지는 '올해의 분자'로 선정했다. 오늘날 대부분의 PCR은 저비용으로 복제해서 생산된, 재조합 Taq 중합효소를 사용해 진행된다.

연 대 기

1944	12월 28일 노스캐롤라이나 르누아르에서 출생
1966	조지아 공대에서 화학과 학사 학위 수여
1972	UC버클리에서 생화학 박사 학위 수여, 생화학 강의를 함
1973	박사 후 연구원으로 캔자스 주립대 의과대학 소아심장학 교실에서 폐질환 연구 시작
1977-79	UC샌프란시스코에서 제약화학 연구
1979-86	캘리포니아 에머리빌의 세투스사에서 DNA화학자로 올리고뉴클레오티드 합성 연구
1983	중합효소 연쇄반응의 과정을 개념화
1984	PCR을 통한 DNA 증폭과정을 분명히 밝힘
1986	샌디에이고에 있는 지로닉스사의 분자생물학 과장이 됨. DNA 공학과 광화학에 초점
1987	PCR의 기본적인 내용을 기술한 논문 출판. 회사를 대상으로 핵산화학에 대한 개인 컨설팅 시작
1993	DNA 기반 화학의 방법을 개발한 공로로 마이클 스미스와 노벨 화학상 공동수상. PCR 발명으로 재팬프라이즈 수상
1998	저서《정신의 영역에서 벌거벗고 춤추기》출판

최초의
포유동물 복제 연구팀을
이끌었던 이언 윌머트

Chapter 10

생명복제의 상상력을 실현한

이언 윌머트

Ian Wilmut
(1944~)

최초의 포유동물 복제

클론^{clone}이란 용어는 원본을 복제한 것이기만 하면 어떤 물건에도 쓸 수 있는 말이다. 사람들이 인기 좋은 컴퓨터 모델과 같은 성능으로 채워진 조립 컴퓨터를 살 때 인기가 좋은 컴퓨터의 저렴한 클론을 사려고 한다고 할 수 있다. 혹은 비행함대가 예전의 비행함대는 아니지만 예전 것을 모델로 새로 만든 경우, 비행함대가 예전에 설계한 비행기들의 클론들로 이루어진 비행함대라고도 할 수 있다. 일반적인 용어로는 단순한 복제품을 말하지만 생물학적인 의미에서 클론을 만든다는 것은 남성 여성의 구분 없이 유전학적으로 똑같은 것을 발생시키는 것을 말하거나 혹은 유전적으로 동일한 세포나 기관을 만드는 것을 말한다.

1938년 독일인 생물학자 한스 슈페만은 NT공정을 제안했다. NT공정이란 수정이 되지 않은 난자에서 핵을 제거한 후 그 자리에 분화^{differentiated}된 체세포로부터 뽑아낸 핵을 집어넣는 방법을 말한다. 분화되었다는 것은 몇 번의 핵분열을 거쳤다는 것을 뜻한다. 14년쯤 후부터 과학자들은 이 공정을 이용해서 실험을 하기 시작했다. 처음에는 초기배아세포에서 핵을 뽑아냈으나, 그다음에는 조금 분화 과정이 지난 단계의 체세포에서 핵을 뽑아냈다.

초기에는 과학자들이 실험대상으로 포유동물이 아닌 양서류를 사용했기 때문에 사회에서는 별다른 관심을 보이지 않았으며 사람들은 무덤덤했다.

> **클론** 부모의 체세포 하나에서 자라나 부모와 유전적으로 동일한 개체, 혹은 세포든 개체든 어떤 것의 동일한 복사본
>
> **분화** 발생생물학에서, 특정 유전자를 사용하거나 사용하지 않는 것처럼 세포가 특수화되어 가는 과정

1980년대 초에 쥐를 대상으로 한 NT공정이 성공했다고 보도된 바 있었지만, 이 때에는 결과를 재현할 수 없었기에 오히려 연구자들이 거짓말을 한 것이 아닌지가 문제된 적도 있었다. 1984년에 수많은 NT공정의 시도가 실패로 끝나자, 미국인 발생학자 제임스 맥그래스와 그의 독일인 동료 다포르 졸터는 NT공정으로 포유동물을 복제한다는 것은 불가능한 것이라며 호언장담했다. 대부분의 과학자들이 그들의 말에 동의했었지만, 오히려 모두가 틀린 것이었다. 1986년에 덴마크의 수의사 스틴 윌러드슨이 NT공정을 써서 양의 배아세포에서 새끼 양을 복제했다고 발표한 것이다. 다른 이들도 곧 이 첫 번째 포유동물 복제 증명에 뒤처지지 않고 성공사례를 발표하기 시작했다. 지속적인 연구결과, 1994년에는 위스콘신 대학의 닐 퍼스트가 120세포기까지 분화된 배아세포로 송아지를 복제하는 데 성공했다. 이 시기는 영국의 발생학자 이언 윌머트가 등장했던 때이다. 이언 윌머트는 스코틀랜드 에든버러에 있는 로슬린 연구소의 연구소장으로, 처음에는 배아세포의 핵에서 양을 복제했으나, 다음에는 6세 된 성체 양의 체세포에서 얻은 핵으로 양을 복제하는 데 성공했다. 1986년은 성체의 체세포에서 복제된 최초의 포유동물인 돌리가 태어난 해로서 생명공학적으로는 기록할 만한 큰 발전이 있었던 해이다. 그러나 그 의미가 크고 중요한 만큼 사건은 잠재적이던 인간복제 문제를 사회로 끄집어내게 되었고 사회는 이에 대한 논의로 시끄러워졌다.

발생에 대한 관심 발생

이언 윌머트는 1944년 7월 7일 영국의 햄프턴 루시에서 태어났다. 그의 아버지 데이비드 윌머트는 수학 선생님이었으며 어머니는 가정주부였다. 어릴 적 코벤트리에서 살 때, 이언의 꿈은 해군이 되는 것이었다. 그러나 그는 색맹이었기에 다른 배에서 보내는 신호를 읽을 수가 없었고 해군이 되겠다는 꿈을 포기할 수밖에 없었다.

그는 어렸을 때부터 시골농장에 있는 것들에 관심이 많았다. 10대가 되었을 때에는 공업지구에 살게 되었지만, 주말이 되면 농장에 가서 일을 했다. 그는 특히 동물과 관련된 일을 좋아했다. 젖소의 우유를 짜거나 새끼 낳는 것을 도와주면서 이언은 농업을 연구하고 싶다는 생각을 하게 되었다.

윌머트는 노팅햄 대학에 진학했다. 그리고 1966년 여름에는 E. J. 크리스 폴게 교수의 연구실에서 인턴으로 일했다. 크리스 폴게 교수는 케임브리지 대학의 생식 생리학과 생화학 분야의 교수였다. 그때쯤 폴게는 동물들이 어떻게 자신이 임신을 했는지 안 했는지 아는 것이며, 나아가 교배를 계속할 것인지 임신을 유지하는 데 신경을 쓸 것인지를 어떻게 생리학적으로 결정할 수 있는지에 대해 연구하고 있었다. 당시 윌머트는 배아와 모든 생체기관이 단 하나의 세포로부터 생겨난다는 사실에 매혹되었다. 인턴으로 일하며 겪은 이러한 경험은 윌머트의 관심을 실용 영농으로부터 발생학적 연구로 돌려 놓았다. 그리하여 그는 1967년 노팅햄 대학에서 동물생리학 학사학위를 받고 졸업했다.

그는 고등학교 때 여자친구인 비비안과 결혼한 후 세 아이의 아버지가 되었다. 그 후 윌머트는 케임브리지 대학원에 입학했다. 다시 폴게의 연구실에서 일하게 된 윌머트는 왜 소의 정자는 냉동과 해동을 해도 계속 살아 있는데 돼지의 정자는 죽는지에 대해 조사하기 시작했다. 1971년에 윌머트는 케임브리지 대학에서 동물공학 박사학위를 받았다. 박사학위 논문의 제목은 '돼지 정자의 급속냉동보존'이었다. 박사학위 과정을 마친 후, 그는 케임브리지 대학에서 연구원 자리를 얻어 냉동연구를 계속했다.

그의 목표는 포유동물 배아를 급속냉동 저장하는 방법을 개발하는 것이었다. 그는 송아지의 배아를 냉동하고 해동하여 대리모의 몸에서 키운 최초의 과학자가 되었다. 대리모인 다른 암소의 몸에서 송아지는 정상 출산했고 그 건강한 송아지에게는 '프로스티'라는 이름을 지어 주었다. 이것은 흥미로운 사건이었다. 왜냐하면 그때까지는 냉동보존 cryopreservation (세포나 배아를 후에 사용하기

> 냉동보존   이후에 사용하게 위해 세포나 배를 냉동하는 과정

위해 열려두는 절차)은 아직 정자와 같은 하나의 세포에만 적용되고 있었고 배아를 냉동시킨 적은 없었던 것이다. 이 기술의 발달은 더 나은 품종의 가축을 양산하게 했다. 농부들은 유전학적으로 열등한 젖소를 대리모로 사용하여 우세한 젖소의 배아를 키울 수도 있게 되었다.

1973년 스코틀랜드에 있는 동물품종개량연구협회^{ABRO}는, 생식생리학과 발생학에서 전문가가 된 윌머트를 고용했다. 후에 로슬린연구소라고 이름을 바꾼 이 기관은 동물유전학의 연구소로 정부 지원과 개인 지원을 모두 받고 있는 단체였다. 윌머트는 이곳에서 가장 뛰어난 과학자 중 한 명이었다. 1981년에 동물 생리학과 유전학 분야의 수석연구원으로 임명되었으며, 1993년에 수석연구원이자 유전자발현부와 유전자발생부의 공동연구팀장으로 임명되었고, 2000년에는 마침내 통합된 유전자발현발생부의 부장이 되었다.

그의 초창기 연구는 농장에 있는 동물들의 배아가 죽는 현상에 대해 발생학적, 생리학적인 원인을 규명하는 데 중점을 두었었다. 그러나 ABRO의 관심사가 1980년대 초기에 분자생물학 쪽으로 바뀌면서 윌머트 역시 연구의 방향을 틀어야 했다. 윌머트도 당시 진행하고 있는 연구를 그만두고 양의 유전자 변형에 대해 연구하라는 말을 처음 들었을 때는 분개했다. 그러나 그 일을 하지 않고서는 생활을 꾸릴 수 없었기 때문에 가족을 생각해 지시를 따를 수밖에 없었다.

윌머트는 다음 10년의 대부분을 접합자(난자와 정자의 융합으로 이

루어진 수정란)에 관한 프로젝트를 준비하는 데 보냈다. 프로젝트 과
정에서는 접합자에 약학적으로 중요한 단백질을 암호화하는 인간
의 유전자를 주사한 후, 그것을 다시 암양에게 넣었다(이 프로젝트는
PPL이라는 합작생명공학회사의 지원을 받아 이루어졌다). 그 후에는 태어
난 새끼가 특별한 유전인자를 가지기를 바랄 뿐이었다. 유전학적으
로 변형시킨 동물을 만드는 이러한 방법에 있어 가장 안 좋은 점은
매번 시도할 때마다 한 개의 접합자, 즉 동물 한 마리 전부를 키워내
야 결과를 알 수 있다는 것이었다. 실험을 다량으로 할 수 없는 제한
이 있는 것이다. 그렇지만 윌머트는 결국 1990년에 트레이시라는
이름의 양을 만드는 데 성공했다. 트레이시는 낭포성 섬유증과 폐기
종을 치료하는 데 쓰이는 Alpha1-안티트립신이라는 단백질이 들
어 있는 유전자를 가지고 있었다. 그래서 젖을 짤 때마다 트레이시
의 젖에서는 그 치료약을 얻을 수 있었다.

돌리가 태어나기까지

많은 식물들이 암수교배를 하지 않는 무성생식을 통해 증식을 한
다. 예를 들자면 식물의 뿌리나 줄기를 잘라 그것을 흙이나 물에 넣
어 키우는 것이 바로 그것이다. 잘린 부분이 완전한 식물로 성장한
경우, 그 식물은 유전학적으로 자신이 잘려져 나왔던 원래의 나무와
동일하다. 이러한 특징은 농부들에게는 아주 득이 되는 것이었다.
그들은 조직이 부드러운 감자라든가, 잎이 특이하고 예쁜 꽃 같은

것들을 똑같이 만들어서 경제적인 이윤을 남길 수 있기 때문이었다.

동물에 있어서 식물처럼 사람들이 선호하는 특징을 많이 가진 농장의 동물을 복제하는 것이 1980년대 농업의 실용적 목적이었다. 예를 들자면, 고품질의 우유를 제공하는 유전학적으로 월등한 젖소가 있을 때, 그것과 똑같은 젖소를 여러 마리 만드는 것이 목적인 셈이다. 그러나 사람들이 선별적으로 교배를 시킨다 한들 새끼가 다 크기 전까지는 그러한 시도가 성공인지 실패인지를 알 수가 없었다. 더구나 실패했을 때는 그것은 모험일 뿐이었고 그 대가가 너무 비쌌다. 여러 과학자들이 과거에 이러한 시도를 해 봤지만 모두 실패했기 때문에 많은 과학자들이 농장동물들을 복제한다는 것은 가능성 없는 이야기라고 확신했다.

1980년대 초반, 폴게의 연구실에서 일하던 덴마크인 연구원인 스틴 윌러드슨(1944~)은, 분화된 세포로부터 포유동물을 복제해내는 연구의 선두주자였다. 그는 물소와 양의 8세포기 배아에서 8개의 세포를 분리시켜 그 각각의 세포를 하나의 물소나 양으로 키우는 방법을 개발했다. 그는 1983년과 1984년에 걸친 연구기간에, 8세포기의 배아에서 떼어낸 양의 세포와, 핵이 제거된 양의 난자세포를 융합하여, 최초의 복제동물을 만드는 데 성공했다. 윌러드슨은 이 결과를 1986년까지는 공표하지 않았다(1986년 〈네이처〉지에 '양 배아의 핵이식'이라는 제목으로 실렸다). 1985년 윌러드슨은 캠브리지 대학을 떠나 텍사스에 있는 그레나다 유전학 연구소로 옮겼다. 그는 그곳에서 NT공정을 이용하여 1주 된 배아세포로부터 젖소를 복제하는 연구를 계속했다.

월머트는 1987년 1월 윌러드슨이 초기배아세포를 이용한 NT공정을 시도하고 있다는 소식을, 아일랜드 더블린의 어느 한 선술집에서 듣게 되었다. 윌러드슨의 소식을 듣고 월머트는 변형된 배아줄기 ES세포를 사용하면 유전적으로 양을 변형시킬 수 있을 것이라는 확신이 들었다. 배아줄기세포란 분열을 계속하면서 몸의 모든 생체기관으로 발생해 나가는 세포를 말하는데 뼈나, 신경 혹은 근육처럼 각기 다른 조직들 중 어떠한 조직의 형태로도 발생할 수 있는 능력을 가지고 있다.

월머트는 배양된 세포를 담은 배지 전체에 DNA(디옥시리보핵산)를 첨가한 후 DNA와 결합한 세포를 선별해서 배아를 만들기만 하면 유전적으로 변형된 양을 만드는 데 성공할 확률이 높아질 것이라고 생각했다. 그러나 배양된 세포는 분화능력을 상실해 버렸다. 연구자들은 쥐의 배아줄기세포를 배양하여, 유전적으로 변형을 가한 다음, 이를 다시 배아에 집어넣어서 출생시키는 것은 할 수 있었다. 때때로 정말 우연히 유전적으로 변형된 배아가 분화하는 과정에서 장차 생식세포를 형성하게 될 배우자생성세포로 분화되는 경우도 있었는데, 이 경우에는 유전자가 변형된 자손을 낳기도 했다. 월머트는 양 배아줄기의 세포주(하나의 세포에서 세대를 거쳐 인공 배양하여 얻게 되는 유전적 구성이 동일한 세포 집단)를 만들고 싶었지만, 세포를 배양하면, 배양된 세포들은 분화할 수 있는 능력을 상실해서 세포주를 만들 수 없었다.

1991년 세포생물학자인 케이스 캠벨(1954~)이 ABRO에 들어와 유전자 변형 양을 만드는 일을 도와주며 월머트와 힘을 합쳤다. 그는 세포분열주기에 관한 조언을 했다. 배양된 배아줄기 세포들로부터 분화되지 않은 양의 세포주를 얻으려고 했던 예전의 시도들은 전부 효과가 없었다. 세포가 배지 안에서 자라기는 하지만 자라면서 계속해서 분화했기 때문이다. 그렇지만 월머트와 캠벨은 세포에 영양공급을 하지 않음으로써 휴면^{quiescence}이라고 불리는 휴식 혹은 비활성 상태로 세포를 유지하려고 시도했다. 활동적인 배아세포는 보통 성장과 분열을 반복한다. 그러나 영양분을 주지 않을 경우 그들은 정지상태에 빠지게 된다. 그들은 핵을 제공할 세포와 세포질을 제공할 난자의 주기를 조정하기 위해 세포에 영양분을 공급하지 않는 계획을 세웠다. 두 세포의 세포주기를 일치시킨 후에 함께 넣고 전기충격을 주어 세포 융합을 시도했다.

월머트와 캠벨이 분화한 지 9일 된 배아줄기세포를 배양하여 실시한 244번의 핵이식 실험 중에 34개의 배아가 대리모 양의 자궁에 이식할 수 있을 정도로 성장했다. 1995년 이식한 것 중에서 메간과 모라그를 비롯한 5마리의 새끼양이 태어났다. 이 중 메간과 모라그는 최초로 분화한 세포를 배양해서 복제한 새끼 양으로 건강하고 번식능력이 있었다. 월머트는 이 양들을 복제물들 중에서 가장 중요하게 여겼다. 왜냐하면 그들이 냉동된 배양세포를 사용해서 만들어진 최초의 복제양이었기 때문이었다.

1996년에 그들은 9일 된 배아줄기세포를 이용하여 다시 실험을 반복했다. 이번에는 더 잘될 것 같은 생각이 들어 그들은 분화한 지 26일째 되는 태아양의 섬유세포를 배양한 것도 같이 사용했다. 또한 6살짜리 다 큰 암양에게서 가져온 젖샘세포도 배지에서 배양 후 액화질소에 냉동시켜서 썼다. 총 835번의 실험을 했는데 초음파로 확인한 결과 그중 21개가 태아양이 되어 있었고, 태아양이 된 것들은 태어났다. 젖샘세포를 써서 실험한 것이 277번이었고, 그중 29개가 배아가 되어 대리모 양에게 이식했는데, 오직 한 마리만이 무사히 태어났다. 다 큰 어른 양의 체세포에서 핵을 이식하여 만들어낸 돌리(컨트리 가수인 돌리 파튼의 이름에서 따왔다)라는 이 양은 1996년 7월 5일에 태어났다. 돌리에게 핵이 제거된 난자를 제공한 양은 스코틀랜드종인 얼굴이 까만 양이었고 핵을 제공한 6살짜리 양은 얼굴이 하얀 핀도르셋 종이었다. 돌리는 얼굴이 하얀 핀도르셋 종이었으며 DNA 검사결과도 역시 돌리가 핵을 제공한 양의 클론임을 증명해 주었다. 윌머트와 캠벨은 그들이 성공할 수 있었던 것은 기증세포와 수용세포의 세포주기를 일치시키는 데 노력했기 때문이라고 했다.

열광적인 반응

로슬린 연구소는 돌리에 관해서 1997년이 될 때까지 아무런 발표도 하지 않았다. 돌리가 건강하고 정상적으로 자라는지 확인된 후 발표하기 위해서였다. 그들의 기사가 〈네이처〉지에 '포유동물의 태

복제 과정

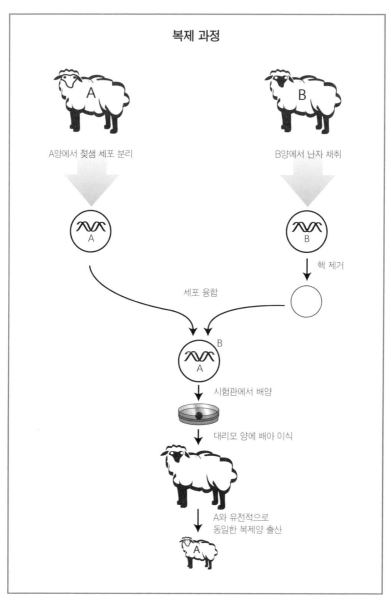

복제과정은 미수정 난자로부터의 핵 제거, 전기 자극을 통한 무핵 난자와 유핵 세포의 융합, 클론 배아 배양, 성장한 배아의 대리모 이식의 4가지로 진행된다.

아와 성체 체세포로부터 얻어진 후손'이라는 제목으로 실렸을 때 전세계의 이목이 집중되었다. 미디어에서는 성체의 체세포에서 복제된 최초의 포유동물 돌리를 볼 때 인간복제가 멀지 않았음을 연신 강조하며 떠들어댔다. 텔레비전과 라디오, 그리고 신문 기타 잡지의 인터뷰 요청이 끊이지 않았다. 이러한 반응은 돌리에 대한 발표가 어떤 논쟁을 불러일으킬 것이라고는 예상치도 못했던 윌머트를 당혹케 했다. 그는 인간복제라고는 생각해 본 적도 없었다. 인간을 복제한다는 생각만으로도 역겨웠다. 그는 인간을 복제한다고 해서 불임이 치료될 것이라는 증거는 아무 데도 없다고 계속해서 강조했다. 불임치료를 위해 인간복제를 한다는 것은 의학적으로도 정낭화될 수 없는 것이었다. 몇몇 사람들이 현재 인간복제를 시도하고 있다는 것, 또한 다른 이들도 곧 하려고 한다는 것을 알게 되면서, 윌머트는 이 사실들에 괴로워했다.

돌리는 몇 년 동안 수많은 연구자들이 행한 성공적인 실험 중에서도 단연 최고였다. 그럼에도 돌리가 갑자기 너무도 유명해졌기에, 마치 과학자들이 복제실험을 비밀스럽게 하던 중 기대치 않게 우연히 복제에 성공한 것처럼 보일 수도 있었다. 그러나 이러한 생각은 사실과는 거리가 멀다. 매년 과학 잡지들은 발생생물학에 관한 수많은 성공사례들을 실어 왔고 발생생물학은 복제와 직접적으로 연관이 있는 것이기 때문이다.

그러나 모든 사람이 과학에 있어 가장 최근의 공적인 복제양 돌리의 소식에 기뻐했던 것은 아니었다. 시민단체들은 여러 가지 방법으로 복제에 대한 불만을 표시했다. 비록 1991년에 어느 동물운동가들이 했던 것처럼 윌머트의 연구실에 불을 지르는 일은 하지 않았지만, 1997년 3월 4일에는 빌 클린턴 대통령까지도 복제에 대해 강한 불만을 표시했다. 그는 향후 5년간 미국에서 인간복제연구를 금지할 것을 요구했으며, 국제생명윤리자문위원회에 인간복제의 가능성을 검토해 줄 것과 복제금지법을 만드는 데 대한 권고를 해 줄 것을 요청했다. 미연방국회에서 복제법을 제정하려는 시도도 몇 번 있었지만, 연방법은 제정되지 않았으며, 복제법의 제정 문제는 각각의 주마다 따로 처리하게 되었다. 2004년까지 단지 10개 주만이 인간

복제와 관련한 법을 제정했다. 10개의 주들 중에서 몇 주는 단지 생식복제만을 금지할 뿐이며 다른 용도의 복제는 허용하고 있으나, 그 외의 다른 주들은 연구목적을 위한 것이든, 퇴행성 병 등을 치료하기 위한 것이든 가리지 않고 모든 복제를 금지하고 있다.

돌리 이후의 상황

돌리가 태어난 다음 해에 로슬린 연구소는 유전적으로 변형된 양을 복제하는 또 다른 업적을 세웠다. 윌머트는 혈액응고인자인 단백질인자 IX를 생산하기 위해서, 세포가 아직 배양되고 있는 중에, 세포핵(핵을 난자에 제공할 세포의 핵) 속에 있는 게놈에 단백질인자 IX를 가진 유전자를 끼워 넣었다. 이렇게 해서 태어난 양이 폴리이다. 폴리에게서 짠 젖 속에는 단백질인자 IX가 들어 있었다. 윌머트는 비슷한 복제 기술이 다른 동물의 장기를 사람에게 이식시키는 이종간 기관이식 과정에 쓰일 돼지 기관을 만드는 데도 도움을 줬으면 했다.

돌리가 태어났지만 많은 의문점들은 여전히 풀리지 않고 남아 있다. 어떻게 세포는 분화되는가? 세포가 특수화되는 유전적 과정에 있어 중요한 요인은 무엇인가? 왜 핵이식 복제의 실패율이 그리도 높은가? 세포질만을 제공하는 세포의 세포질 DNA는 발생과정에서 어떤 역할을 하는 것일까?

돌리는 6마리의 새끼를 낳았다. 모두 다른 정상적인 보통 양들과 다름없이 잘 자랐으며 외관상 보기에는 건강해 보였다. 2003년, 6살 된 돌리를 검사한 결과 폐병에 걸렸다는 것을 알게 되었다. 그래서 의논한 결과 돌리를 안락사시켜야 한다는 결정이 내려졌다. 양은 보통 11~12년 정도를 산다. 그리고 그들이 나이를 먹을 경우 폐병은 일반적인 병이었다. 그 전해에 수의사가 돌리를 진단했을 때 돌리는 관절염을 갖고 있었다. 그래서 그 당시 최초로 복제된 이 포유동물의 진짜 나이가 도대체 몇 살이냐 하는 논의가 들끓었다. 후에 돌리가 아직은 어린 6살의 나이에 폐병이 걸린 일은 이런 논의를 더욱 부채질했다. 돌리가 복제될 당시 이미 6년 된 세포를 복제했기에 6살이 된 돌리의 세포 나이는 실제로는 12살이 아니냐는 것이었다. 그러나 돌리가 죽은 후 검사한 결과, 관절염과 폐병 외에는 특이한 점이 발견되지 않았다.

돌리 이후로 다른 이들도 소, 염소, 돼지, 사슴, 노새, 쥐 등을 복제하는 데 성공했다. 그러나 사망률이 너무 높아 97% 이상이 태어나기도 전에 죽었다. 이유는 알 수 없지만 어떤 종들은(원숭이나 말, 개등) 다른 종들에 비해 복제에 저항력이 있어 복제가 잘 되지 않았다. 복제 기술은 다양하게 응용되었지만 논쟁의 대상이 되는 것도 종종 있었다. 2000년에는 일본의 과학자들이 과학과 기술의 한계를 시험하듯 복제한 황소를 또다시 복제했다. 다시 말하면 원래의 황소를 복제한 클론인 송아지가 커서 황소가 되자 이어서 다시 핵을 뽑아 클론의 클론인 송아지를 만들었던 것이다. 다음 해인 2001년, 유럽의 과학자들이 무플론이라고 불리는 멸종위기에 처한 야생 양을 복제했다. 멸종위기에 처한 종이 사라지는 것을 막기 위한 수단으로서 생식복제법을 사용하는 것은 비난하기 어려운 일이다. 이보다 더 물의를 일으키는 예로는 텍사스 AM사의 과학자들이 애완고양이를 복제한 일이다. 이미 멸종해 버린 종을 복제할지의 여부도 논란이 되고 있다. 복제한다면 순수고생물학자들에게는 매우 신나는 일이 될 것이다.

많은 희망

로슬린 연구소에서 일하는 것 말고도, 윌머트는 현재 게론 바이오-메드사의 과학고문으로 일하고 있다. 게론 바이오-메드사는 제약회사인 게론 주식회사의 자회사이며, 인간의 배아줄기세포기술을 생의학적으로 응용하는 방법을 연구하는, 즉 치료용 복제기술을 연구하는 회사이다. 또한 윌머트는 〈수정과 생식〉에서 편집자로서 일하고 있다. 그리고 현재 〈복제와 줄기세포〉의 편집장이기도 하다. 2000년에 그는 케이스 캠벨과 콜린 터쥐와 함께 《두 번째 창조: 돌리와 생물학적 지배의 시대》라는 책을 공동집필하여 출판했다. 책에는 돌리가 탄생하기까지의 일들과 그 후의 생각과 감동, 그리고 돌리의 복제에 관한 근거 없는 이야기들에 대한 해명이 실려 있다. 개인적으로는, 윌머트는 가정에 충실하고 헌신적인 가장이며 얼음 위에서 돌을 미끄러뜨려 표적을 맞히는 컬링을 좋아하고 마라톤도 여러 번 참가한 활동적인 삶을 즐긴다.

월머트가 받은 상과 영예는 수도 없이 많다. 적어도 세 개의 박사학위를 받았으며 수정연구학회에서 존 해몬드 상1898을, 영국왕립농업학회에서 연구자 메달(1999)을, 스코틀랜드왕립농업학회에서 월리엄 영 상(1999)을, 에든버러가 주는 올해의 스코틀랜드 혁신자 상(2001)을 받았다. 또한 2000년에는 에든버러왕립학회의 회원이 되었고, 2002년에는 런던왕립학회의 회원으로 선출되었다.

월머트가 다 자란 동물의 체세포에서 복제를 성공시킨 업적은 유전공학과 복제기술 두 가지 모두의 기술혁신이 있었기에 가능한 일이었다. 과정 그 자체는 말하기 쉽지만, 성공에 도달하기까지에는 수많은 땀과 노력이 필요한 것이며, 발생학과 세포생물학에 관한 전문적인 지식 없이는 일어날 수 없는 일이었다. 과거에 과학자들은 포유동물을 복제한다는 것은 억지며, 그런 이야기는 공상과학소설에 불과하다며 강하게 반발했다. 월머트는 그런 고정관념을 깨뜨려 버렸다. 사회는 이에 강하게 반응했다. 처음에는 인간복제의 가능성을 인식하게 되면서 기뻐했지만, 후에는 그와 함께 오는 윤리적인 문제들에 직면하게 되었기 때문이었다. 어쨌든 완전히 분화한 성체 세포에서 복제를 함으로써 월머트와 그의 연구원들은 발생생물학에 있어 하나의 근원적인 문제에 대한 해답을 주었다. 즉 분화과정이건 발생과정이건 간에 유전물질은 변형되지 않는다는 것이다. 젖샘 세포처럼 분화한 세포로부터 얻은 DNA를 써도 양의 다리, 근육, 신경, 뼈 등 전체 부위를 모두 만들 수 있는 것처럼, DNA가 개체를 처음부터 모두 다시 만들도록 맞춰 놓을 수도 있는 것이다. 언젠가는 과학자들이 장기이식을 원하는 사람의 건강한 세포로부터 거부반응 없는 완전한 장기를 만들 수 있을 것이다. 또한 알츠하이머병 같은 퇴행성 질환으로 인해 파괴된 세포를 교체할 수도 있을 것이다. 복제연구에 전념하는 과학자들 앞에는 몇십 년 이상을 필요로 하는 과제가 쌓여 있다. 수많은 문제들이 있지만 그러기에 수없이 많은 희망도 있는 것이다.

인간의 생식복제와 치료복제

　돌리의 탄생이 계기가 되어, 미연방의 입법자들은 복제금지법에 대한 합의점에 도달하기 위해 토론을 벌였다. 토론은 윤리적 문제에 관한 의견차가 좁혀지지 않아 난국을 맞이했다. 이것은 복제에는 생식복제와 치료복제의 두 가지 종류의 복제가 있어 완전히 복제를 금지할 수도 없었고 완전히 허용할 수도 없었기 때문이다. 몇몇 단체들은 모든 복제는 금지되어야 한다고 주장했지만, 다른 단체들은 생식복제는 허용 안 되지만 치료복제는 허용할 수 있다고 했다.

　NT공정을 사용하는 생식복제는 인간의 복제배아를 대리모의 자궁에 착상시키는 것이다. 착상이 일어나면 대리모는 임신을 하게 되고 유전자 기증자와 동일한 유전자를 가진 아이를 출산하게 된다. 동물복제의 실패율이 높으며, 살아남은 복제 동물들마저 비정상적인 외모를 가진 기형이거나, 감염 기타의 복합적 요소로 다 성장하지도 못하고 죽는 경우가 많기 때문에, 인간의 생식복제에 대해서는 반대하는 것이 일반적이었다. UN은 전 지구적 차원에서 인간의 생식복제를 금지하기 위한 회의를 열었다.

> 배아줄기세포　신경세포나 근육세포 등 다양한 종류의 특수화된 세포로 분화할 수 있는 능력을 가진 미분화된 배아 세포

　치료복제의 목적은 아이를 낳는 것이 아니라, 복제배아에서 줄기세포를 얻는 데 있었다. 배아줄기세포 Embryonic stem cells 는 아직 분화하지 않은 세포로서 실제로 어떤 형태의 세포로도 분화해 나갈 수 있는 능력을 가지고 있다. 5일째 되는 배아의 줄기세포는 인간의 발생에 대한 연구나 병의 치료에도 사용될 수 있다. 연구자들은 줄기세포연구가 현재의 불치병인 척추신경부상이라거나, 당뇨병, 파킨슨

병 등을 치료하는 데 있어 가장 큰 희망을 가져다줄 것이라고 믿고 있다.

　2001년 8월 9일 조지 부시 대통령은 연방기금으로 인간의 배아줄기세포를 만드는 것을 지원해 줄 수는 없지만, 개인들의 기금지원을 받아 연구하는 것은 상관없다고 발표했다. 2004년 2월 한국의 연구자들이 줄기세포의 재료로서 인간 배아를 성공적으로 복제했다고 발표했다. 2004년 10월에는 하버드 대학의 연구자들이 치료목적의 인간줄기세포를 만들 수 있도록 허가해 달라고 요청했다. 또한 그해 10월에 시카고 대학의 과학자들은 골수에서 얻은 성인의 줄기세포를 가지고 항체를 만들어 내는 면역세포로 분화시켰다고 발표했다.

연 대 기

1944	영국 햄프턴 루시에서 7월 7일 출생
1967	노팅햄 대학에서 동물생리학 학사학위 취득
1971	케임브리지 대학에서 동물유전공학 박사학위 취득. 연구원 자리를 얻어 정액과 배아의 급속냉동보존 연구 계속
1973	냉동배아로부터 최초의 송아지 출산, 동물품종개량연구협회(후에 로슬린 연구소)에 발생학을 연구하는 과학 선임자로 취직
1981	동물생리학과 유전학에 있어 수석연구원으로 승진
1982	양의 유전자변형법을 연구하기 시작
1984	스틴 윌러드슨이 NT공정을 사용하여 8세포기의 배아로부터 양을 복제
1985	윌러드슨이 분화된 배아세포에서 소를 복제
1987	윌러드슨의 실험에 관한 소문을 듣고 농장동물의 복제가 가능하리라고 확신

1990	인간단백질을 생산하도록 유전자 변형된 양인 트레이시 출생
1991	케이스 캠벨이 ABRO에 들어와 윌머트와 함께함
1993	수석보좌관이자 유전자발현부와 유전자발생부의 공동연구에 있어 부장으로 승진
1995	분화한 냉동세포에서 메간과 모라그 두 마리 양을 복제
1996	어른의 체세포를 복제한 최초의 복제양 돌리 탄생
1997	돌리의 탄생을 발표. 인간의 단백질 인자 IX를 우유에 분비하는 복제양 폴리 탄생
2000	로슬린 연구소 유전자발현발생부의 소장이 됨. 케이스 캠벨과 콜린 터쥐와《두 번째 창조: 돌리와 생물학적 지배의 시대》라는 책을 공동 집필

처음 번역을 맡게 되었을 때 이 책이 중·고등학생을 대상으로 하는 과학도서라는 사실에 그다지 부담을 갖지 않았다. 교과과정에서 배울 수 있는 내용을 과학사와 관련해 기술해 놓은 책일 것이라고 예상했기 때문이었다. 더구나 얼핏 보아 가 장마다 몇 페이지 되지 않는 분량에 한 과학자의 전기를 실어 놓았으니 더더욱 어려운 내용이 아닐 것이라고 생각했다. 그러나 막상 번역을 시작하고 나니 생각보다 어려운 내용도 많았으며, 배경지식 없이는 이해할 수 없는 부분도 간간이 보였다. 미리 말해 두지만, 이 책은 그리 쉬운 내용은 아니다. 그렇다고 해서 도저히 이해할 수 없는 별나라 이야기도 아니다. 시작부터 찬찬히 읽어 나가며 이해한다면 독자가 읽고 있는 위인이 어떤 일을 겪었으며, 어떤 경로를 통해 사람들로부터 칭송받는 업적을 남기게 되었는지, 그리고 그 업적은 어떤 것인지를 깨닫게 될 것이라 확신한다.

번역을 할 때 제일 힘들었던 점은 위인들이 미국, 영국, 폴란드, 스페인

등 각각 다른 곳에서 태어나 세계를 무대로 활동했던 사람들이라 그들이 살았던 지명들의 영어식 발음도 있지만 그렇지 않은 것도 있었다는 점이었다. 이름 또한 그렇다. '이렌느'라고 읽어야 할지 '아이린'이라고 읽어야 할지 고민할 수밖에 없었다. 인터넷을 참조해도 다르게 기술된 경우가 많아 애를 먹었지만, 최대한 인터넷의 장점을 살려 여러 곳을 참조하고 비교한 후 각 나라 지명과 이름을 그 나라의 발음으로 독음하려고 애썼다. 또 다른 문제점은 영어식 문장을 우리식으로 바꾸는 것이었다. 영어식 문장은 수동태와 관계대명사 때문에 직역할 경우 매우 어색한 문장이 되는 경우가 많다. 수동태를 비롯해 몇 줄씩이나 되는 긴 문장들은 내용을 최대한 살리는 한도에서 짧고 간결한 알기 쉬운 문장으로 바꾸었다.

간단히 책 소개를 하자면, 이 책은 과학과 기술, 사회의 연관성에 초점을 둔 책이다. 과학에서의 발견과 발명, 기술에 있어서의 응용, 그리고 이러한 것들이 사회에 미친 영향 등이 기술되어 있다. 이 책에는 10편의 전기가 실려 있다. 각 편의 인물을 간단히 소개하자면 다음과 같다.

루이 파스퇴르는 프랑스의 화학자로 미생물이 병을 유발한다는 세균 병인설을 주장했고, 최초의 백신을 개발했다. 폴란드 출신의 물리학자 마리 퀴리는 새로운 원소인 라듐과 폴로늄을 발견하고 원자핵이 붕괴되면서 방사능이 방출된다는 사실을 밝혀 노벨상을 두 번이나 받았다. 이탈리아의 발명가 굴리엘모 마르코니는 그 시대에 모두가 불가능하다고 말했던 원거리 무선통신을 성공시켰으며, 이는 타이타닉호의 침몰과 같은 참극이 다시는 일어나지 않도록 해 주는 데 일조했다. 프리데릭 밴팅은 혈당을 낮추어 주는 호르몬, 인슐린을 발견하여 당뇨병 치료에 사용했다.

미국의 물리학자 로버트 오펜하이머는 원자폭탄을 만들기 위한 맨해튼 프로젝트의 책임자였다. 성공적인 과학기술의 쾌거는 전쟁을 종결시켰지만, 그 무서운 결과의 피해는 현재까지 이르고 있다. 미국의 생물학자 레이첼 카슨은 책《침묵의 봄》을 써서 환경운동, 생태운동을 알리며 살충제 과용에 대한 국가적인 관심을 불러 모았다. 윌리엄 쇼클리와 다른 물리학자들이 발명한 트랜지스터는 컴퓨터 혁명을 불러일으켰다. 수백만의 불임부부가 패트릭 스텝토우의 시험관 수정 기술의 개발로 아이를 가질 수 있게 되었다. 캐리 뮬리스가 발명한 중합효소 연쇄반응^{PCR}은 과학 수사에서 유전공학, 생태학, 고생물학에 이르기까지 다양한 분야의 새로운 활로를 개척해 주었다. 유전자 검사로 친자를 구별하거나, 핏자국으로 범인을 찾거나 멸종된 생물을 복원해낼 수도 있게 된 것이다. 윌머트는 세계 최초로 성체의 체세포에서 클론을 복제해내었고, 이로써 치료 용도의 복세에 대한 희망과 인간복제의 윤리적 문제를 생각하게 했다.

이 책을 읽으면 과학이 기술을 어떻게 발달시키는지, 기술은 과학을 어떻게 발달시키는지를 알 수 있다. 또한 그러한 과학과 기술이 사회에 어떠한 영향을 미치는지도 알 수 있으며, 사회가 이러한 과학기술에 반응하여 어떻게 영향을 주고받는지도 알 수 있다. 과학과 기술의 발달이 사회에 좋은 영향만을 미치는 것은 아니다. 레이첼 카슨의 이야기에서 나오는 것처럼 과학과 기술이 만들어낸 살충제가 도리어 수많은 사람들에게 고통을 안겨줄 수도 있다. 인류를 위해 만들어낸 원자력이 원자폭탄으로 나타나고, 좋은 품종의 가축을 복제하려던 것이 인간복제를 야기시킬 수도 있다. 이러한 경우 사회는 다시 과학과 기술에 영향을 미친다. DDT를 사용하지 못하게 한다거나, 전 세계적으로 원자폭탄을 만드는 것을 견제한다거나, 인간복제에 반대하는 시민운동이나 국제기구 차원의 회의가 이를 말해 준다. 이러한 작용 반작용은 과학기술과 사회만의 관계에서 보이는 것은 아니다. 과학과 기술 사이에도 이러한 작용 반작용이 있다. 과학은 기술을 발전시키고 기술은 과학을 발전시키는 경우가 대부분이지만 그 반대도 있을 수 있다. 마르코니의 경우 당시의 과학자들은 모두 이론적으로 불가능한 일이라며 마르코니의 무선전신을 무시했다. 하지만 마르코니는 그 자신도 과학적으로 설명할 수는 없었지만 끊임없이 응용하고 개발해서 결국은 대서양 너머까지 무선전신을 보낼 수 있었다. 또한 새로운 과학적 발견들은 대부분 처음에는 이해받지 못하며 과학과 기술 모두로부터 따돌림을 당하는 경우가 많다. 이처럼 과학과 기술, 그리고 사회는 상호작용하며 서로를 향상시키기도 하고, 억제시키기도 하고, 발전을 촉진시키기도 하며, 발전에 걸림돌이 되기도 한다. 이 책은, 이러한 과학과 기술, 그리고 사회의 상호작용을 이해하는 데 도움을 줄 수 있도록 쓰여졌다.

역자의 입장에서 걱정되는 점이 몇 가지 있다. 이 책에 실린 10편의 전기는 인물보다는 그 업적을 소개하는 편에 치중되어 있다. 전기의 순서는 위인의 가장 대표적인 업적과 그 활용을 소개하는 데서부터 시작한다. 그 다음 출생과 가족적인 배경 등을 중심으로 어린 시절의 이야기가 나오고 곧 그들이 어떤 업적을 남겼는지가 나온다. 그들의 활동을 중심으로 이야기가 전개되며, 끝부분에는 다른 사람들의 평가라든가, 사망하게 된 경위 등이 서술되어 있다. 인물에 대한 부분과 업적의 비율이 거의 2:8 정도

되어 이 책의 주된 내용은 과학과 기술에 있어 그들의 업적이 사회에 미친 영향을 소개하는 것이라고 할 수 있다. 역자가 걱정되는 점은 이러한 구성 때문에 책이 읽기에 조금 딱딱하지 않을까 하는 점이다. 더구나 이 책의 주인공인 위인들은 이 책의 제목처럼 '과학과 기술, 그리고 사회'의 관점에서 볼 때의 위인들이다. 인격적인 면을 보거나 개인적인 면을 볼 때는 위인이라고 부를 수 없는 사람도 있을 수 있다. 그럼에도 불구하고 그들이 남긴 업적이 과학과 기술, 사회에 있어서는 이 책의 여느 다른 사람들과 마찬가지로 커다란 영향을 미쳤기에 그러한 관점에서 그들의 전기를 쓰는 것이란 것을 이해해 주었으면 한다. 그래서 독자들이 책을 읽으며 이 책의 위인들의 모든 것이 아니라, 그들이 남긴 의미 있는 과학사적 행적에 관심을 두고 읽어 주기 바란다.